我一直苦苦追寻"大学是什么？"
然而只有事实，没有答案。

——贺祖斌

贺祖斌　等著

中国大学这五年

高等教育年度十大事件评析

—— 2016—2020 ——

GUANGXI NORMAL UNIVERSITY PRESS
广西师范大学出版社
·桂林·

图书在版编目（CIP）数据

中国大学这五年 ：高等教育年度十大事件评析 ：
2016—2020 / 贺祖斌等著. --桂林 ：广西师范大学出
版社，2021.9
ISBN 978-7-5598-4279-4

Ⅰ．①中… Ⅱ．①贺… Ⅲ．①高等教育－大事记－
中国－2016-2010 Ⅳ．①G649.21

中国版本图书馆 CIP 数据核字（2021）第 190005 号

广西师范大学出版社出版发行

（ 广西桂林市五里店路 9 号　邮政编码：541004 ）
网址：http://www.bbtpress.com
出版人：黄轩庄
全国新华书店经销
广西广大印务有限责任公司印刷
（桂林市临桂区秧塘工业园西城大道北侧广西师范大学出版社
集团有限公司创意产业园内　邮政编码：541199）
开本：787 mm × 1 092 mm　1/16
印张：13.25　　字数：235 千
2021 年 9 月第 1 版　　2021 年 9 月第 1 次印刷
定价：48.00 元

如发现印装质量问题，影响阅读，请与出版社发行部门联系调换。

高等教育的内涵式发展[①]

潘懋元　贺祖斌

　　2018 年 10 月 22 日,笔者专程到厦门大学拜访我国著名教育家,高等教育学科奠基人,厦门大学资深教授、博士生导师潘懋元先生,并与其就地方高校"双一流"建设,加强本科教育,地方高校内涵式发展、转型发展、协调发展,人工智能等高等教育相关热点问题进行了讨论和对话。

一、地方高校"双一流"建设问题

　　贺祖斌:党的十九大报告强调要加快一流大学和一流学科建设。在"双一流"建设当中,不同高校都在努力,地方高校的学校数量和学生数量均占全国的 90% 以上,这些高校该如何开展"双一流"建设？您怎么看？

　　潘懋元:我认为各类高校,无论是研究型的、应用型的、职业型的,还是国家的、地方的,都应该有各自的一流,不应只是排名榜上的那个一流。现在很多人对"双一流"的理解还仅停留在"排

---

①　该文以《关于地方高校内涵式发展的对话》为题刊载于《高等教育研究》2019 年第 2 期。

名榜"（即大学排名榜和一级学科排名榜）上。一流大学和一级学科的排名都是按照研究型大学来排的。如果我们都只按照研究型大学的要求来办大学和设置学科，那是不能适应社会发展要求的。"双一流"刚提出来的时候，我在《人民日报》上发表了一篇文章，就是希望把这种争一流的精神传递到各种类型的高校。

贺祖斌：是的，"双一流"中的"一流"，我认为强调的是"争创一流"的发展理念，这既是一种水平，又是一种精神和品质追求。

潘懋元：是的，所以我们的"双一流"建设，应坚持统筹兼顾、多元发展。社会的转型需要科学家，也需要更多的高级工程师、高级管理人才，以及高水平的有创新性、创造力的应用型人才。当前，我国已进入高等教育大众化阶段，即将进入普及化阶段，高校的"双一流"建设，不能仅限于排名榜上的几所研究型大学和这些大学中的一级学科。毕竟，"双一流"建设高校只是少数。现在，全国共有2900多所普通高等学校和成人高等学校、数以万计的学科点，不能只关注几十所院校、几百个学科点。不同的"一流"大学要有不同的评价标准。一流大学既可以是具有卓越科研实力的研究型大学，也可以是特色鲜明的行业型院校；既可以是学科齐全的综合性大学，也可以是"小而精"的学院；既可以是历史悠久、底蕴深厚的老牌大学，也可以是锐意变革、勇于创新的后起之秀。其实，不同类型的高校各有所长，都有争创一流的潜质。传统学术性研究型大学可以办成世界一流大学，在某些领域具有特色的应用型大学同样有望办成世界一流大学。例如，法国高师就是世界知名的师范大学。

贺祖斌：您认为地方高校在"双一流"建设中应该如何确立自己的办学定位和建设方向？

潘懋元：地方高校尤其是有实力的地方院校应该根据自身特色和区位优势，设定差异化战略目标，国家也要激发地方政府、行业参与"双一流"建设的积极性，实现大学、政府与社会的动态联合，促进高等教育形成多元发展的态势。竞争是提升高校实力的基础。"双一流"建设应打破身份固化的"标签化"思维。一流的身份并非终身享有，而是可进可退、动态调整的。"双一流"建设应辐射全国不同类型、不同层次的高校，所有有实力、有特色的高校和学科，都应有机会跻身"双一流"。只有这样，才能通过"双一流"建设促进我国高等教育质量普遍提升，为我国高等教育强国建设注入强大动力。

就当前来说，已经列入"双一流"建设计划的高校要发挥示范引领作用，把"双一流"建设效应辐射到全国。其他学校包括地方高校也要有"双一流"建设的理念，并以此作为动力，真正立足当前、办出特色，扎根中国大地办大学、建设自己的"一流"。一流大学的精髓在于拥有一流的办学理念，而一流大学的个性则体现在使命担当、战略选择和发展目标的差异上。

二、"以本为本"，立足本科教育问题

贺祖斌：2018 年 6 月，教育部在四川大学召开了新时代全国高等学校本科教育工作会议，提出"坚持'以本为本'，推进'四个回归'"，在全国引发了很大的反响。您对当前我国高校的本科教育现状怎么看？

潘懋元：目前我国高校出现重科研轻教学、重研究生教育轻本科生教育的评价导向偏差，教育部抓本科教育是对的，但是要注重方式方法。教育部曾经采取过让教授给本科生上课、连续多年评选本科教学名师和精品课程、教学评估、专业认证、年度教育质量监测等多种举措来抓本科教育，这都是为了确保本科教育质量。但是，许多大学在评价导向上以科学研究、学科建设为主，对教师的业绩评价以发表论文、科研产出成果为主，这样就造成了高等教育界重科研轻教学，重视硕士点、博士点建设而不重视本科教育的现状。美国也没有很好地解决这个问题，美国排名在前面的几所精英大学的本科教育还不如一些文理学院。美国文理学院是全心全意搞教学、抓本科教育的，所以它们的本科教育质量较高。常春藤大学中有的也想抓本科教育，但是好的教授往往重科研工作而对本科教学敷衍了事。我们现在的高等教育评价，不管对学校，还是对教师而言，都太过重视科研了，而对教学只要求有一定的工作量。

贺祖斌：所以这次大会的主题和您讲的一样，如果不抓本科教育的话，就是一票否决。大会还提出，"不抓本科教育的高校不是合格的高校，不重视本科教育的校长不是合格的校长，不参与本科教学的教授不是合格的教授"。这很有现实意义。

潘懋元：是啊，大学跟科研单位不同。科研单位是出成果、出人才，在出成果之中出人才；大学是出人才、出成果，第一位的工作是出人才，不然的话，就变成科学研究机构了。大学首要的任务应该是出人才，有了人才再出成果，但是现在我们

的许多做法倒过来了。所以这里面首先一定要从整个学校的评价机制开始扭转，其次是对教师的评价不能只看你发了多少篇论文，发表在什么层次的期刊上。我们要改变这种"唯科研、唯论文"的现象，真正发挥学校的第一职能，也就是人才培养的职能。首要问题就是要抓好本科人才的培养，办好本科教育。我建议，在这方面教育部要用好手中的评估、评价权利，对高校的评价首先是评估本科教学，本科教学不合格则一票否决，从而真真正正地把本科教育抓实。

三、地方高校内涵式发展问题

贺祖斌："实现高等教育内涵式发展"是在党的十九大报告中提出的，也是高校非常关注的话题，前段时间您在媒体上发表了一些观点，谈到地方高校的内涵式发展，我刚好也在地方高校工作，所以想请教一下您。您认为地方高校内涵式发展应该如何做？需要注意哪些问题？

潘懋元：与内涵式发展相对的是外延式发展。最早提出内涵式发展，是针对高等教育大发展时期的规模扩张和新办大学而言的。高等教育大众化初期，不少高职高专有强烈的升格成本科院校的冲动，不少新建地方本科高校也想走研究型大学的发展道路，还有很多高校想复制、模仿清华和北大的发展目标与路径。在我看来，党的十九大报告提出的高等教育要实现内涵式发展，主要是要改变学校一味依赖扩大规模、依赖办学升格、依赖外延式发展模式的现象，侧重提高质量，尤其是提高教育教学质量。

贺祖斌：我注意到，党的十八大首次将"内涵式发展"写入报告，并指出要"推动高等教育内涵式发展"，党的十九大更加明确地提出要"实现高等教育内涵式发展"，从"推动"到"实现"，不仅仅是表述上的转变，更需要理念和实践上的突破。对此，您如何看？

潘懋元：实现高等教育内涵式发展的本质是提高大学的办学质量，而教学的改革、创新则是质量建设的核心，大学教师的发展是质量建设的基础。也就是说，大学教学文化是质量建设的核心，而大学教师发展是质量建设的基础。一个核心，一个基础，二者在质量建设上密切地联系在一起：优质的教学文化生态系统为大学教师所营造，而优质的教学文化生态环境激发了大学教师的发展。在我看来，内涵式发展要求高等教育研究更加重视微观教学方面的研究。这是相对于宏观的政策制度方面而言的。教育管理部门所关心的主要是宏观的政策制度，而真正实现教育质量的提高则要落实到微观方面。宏观的研究指明方向,微观如果缺乏宏观的指导,就会方向不明;宏观需要通过微观来落实,不然只是空话。这些年来,教育管理部门主要解决的是宏观问题,当然也考虑了微观的东西。比如这些年来搞精品课程建设、建设教师发展中心等,就是微观的指导。但精品教材对于大众化的应用型高校而言往往不太实用,其学术水平高而应用技术不足,不切合应用型高校的实际。还有教学活动、学生指导等,都是具体的、微观的。宏观的政策制度通过文件下达而实现,微观方面则必须由高校和教师具体落实。现在有个很好的契机,就是各个高校成立了教师发展中心。如何编写应用型课程教材,如何改进产学研结合教学,如何改进课堂教学,如何运用网络教学,这些研究要跟上。地方高校的内涵式发展是多方面的。我认为,既要考虑学校的学科专业建设、人才队伍建设,以提高人才培养质量为主,又要开展科学研究,主要是为地方经济社会发展服务的科研工作。

四、地方高校转型发展问题

贺祖斌:从您的论述中,我感受得到您对应用型高校及应用型人才培养的关注,在我看来,地方高校向应用型转型也是实现内涵式发展的一个重要途径。关于地方高校的转型发展,我想再听听您的看法。

潘懋元:高等教育的转型发展是经济社会转型发展的动力和保证,这是一条漫长的道路,需要我们在研究上、政策上、实践上共同努力推进。

贺祖斌:您觉得现在高校转型发展面临的问题有哪些?

潘懋元:2016年,您在玉林师范学院工作的时候,主持推进了"广西应用型本科高校联盟"的成立,并同时召开了"广西应用型高校建设与转型发展高峰论坛"。当年您邀请我去参加大会,我也在大会上做了报告,谈到了这个话题。与其说是问题,不如说是阻力,我认为高校转型发展所遇到的阻力主要集中在三个方面:一是思想认识落后和僵化,使得"重学术轻应用"成为办学者的主导思想,并形成了影响教育政策的"求统一、排斥多样化"思想;二是由于某些政策导向,以往办学重知识而轻能力,脱离了形势需求,落后于现实发展的需要;三是我们对高等教育转型发展的理论创新不够、经验积累不够、宣传推介不够,使得大家不明所以,难免感到焦虑、无所适从。转型发展虽是当下高等教育发展的共识,但仍存在觉得"不必转型"的倾向。比如,一些地方性的工、农、医、经、管性质的学校认为,自己本来就是培养应用型人才的,不存在转型问题;低水平的要转型,高水平的应当向学术型方向发展;工、农、医、经、管性质的学校可以转,文理类学校只能培养学术型人才;等等。转型发展涉及的高校多达数百所,其类型、层次有所不同,因而我们强调的是不同类型、不同层次、不同速度的转型发展。

贺祖斌:现在地方高校还有这样的困惑:一方面,要建设一流学科,对于学科排名,学校上上下下都很重视,因为它代表着学校的声誉和影响力;另一方面,强调高校要为地方经济社会发展服务。二者之间如何平衡和协调? 如何破除阻力,真正把转型发展落实下去?

潘懋元:为地方服务,那才是最重要的。从国家层面来说,要转变体制机制,借鉴德国建立应用型科技大学的案例,从投资体制、招生体制,职称、奖励、话语平台等机制的转变上下功夫,并要保证所有大学公平地拥有改革发展权,每所大学都具有转型发展的话语权。从地方高校自身来说,要切实做到三个转变,一是理念上的转变,不要好高骛远,要立足于服务地方,实现学校专业群与区域经济社会发展的产业链的紧密对接,有序推进转型发展,通过转型发展来做出贡献,以贡献求得地方的支持,实现学校发展与地方经济社会发展的良性互动。二是课程与教学的转变,应用型创新人才通过应用型专业培养,应用型专业由专业课程体系构成,课程体系中的专业链要与产业链对应。课程、教材是转型发展的核心,传统的学术型精品课程、统一教材要转变为应用型课程和教材;传统的"以教为主"的传授方法要转变为"以学为主"、课堂教学与实训并重的方式,将教学、科研融为一体,以创新推动产学研的深度融合。三是专业教师队伍建设的转变,要有计划性、针对性地培养和发展"双师型"专业课程教师队伍。首先,教师要和学生一起参加实训基地的学习与劳动;其次,教师要多到对口的企事业单位挂职,并承担实际责任,锻炼才干;最后,学校应外聘对口企事业单位的工程师、技术员等到校任教并给予其必要的帮助。

广西现在拥有非常好的转型发展条件,各所高校也没有好高骛远,而是立足于服务广西。比如,一些应用型高校在保持原有办学优势和特色的同时,通过学科专业调整优化,逐步实现专业群与区域经济社会发展及产业链的紧密对接,有序推进转型发展,积极而又稳妥。这类地方高校容易放下身段,克服"理念抵触"的弊端,积极通过转型发展,来赢得在服务地方经济社会发展中的"有为"和"有位"。

五、地方师范大学协调发展问题

贺祖斌：自 1999 年我国高校扩大招生规模以来，地方高校经历了从规模扩张到内涵发展、从单科性办学到综合性办学等多重身份的转变。您认为，对于地方师范大学来说，应如何处理其原有的教师教育优势和新发展中"顶天与立地"的关系？

潘懋元：这个问题我倒想请教您，现在很多省属师范大学都向综合性发展，听说除了军事专业之外，其他学科门类都有，所以我就不知道现在的师范大学究竟是姓"师范"还是姓"综合"？您所在的广西师范大学是广西最好的大学之一，历史悠久，很有影响力，现在的师范专业办得如何？

贺祖斌：作为地方师范大学，教师教育是我们的优势，师范专业和师范生还是比较多一点，跟其他学校相比，我们还有一个职业技术师范学院。我们的师范专业主要依托于各相关二级学院，如化学专业就是师范专业，它依托于化学与药学学院；生物科学专业是培养中学生物老师的，它设在生命科学学院；汉语言文学专业设在文学院/新闻与传播学院；等等。整个专业设置的框架没有太大的调整。我们目前有本科专业 79 个，其中师范（含职业技术师范）专业 38 个，非师范专业 41 个。不管如何发展，师范都是我们办学的底色。

潘懋元：那我明白了。"师范"是个古老的名称，在清末《奏定学堂章程》《钦定学堂章程》中都有师范院校的重要位置。我们师范院校的办学者和教师们，首先要转变思想，要以办师范教育、当师范教师为荣，而不是总想把"师范"两字拿掉，大量地办非师范专业。师范院校的优秀传统不能丢，并且要在传统的基础上不断创新，紧跟时代需求，培养出适应 21 世纪发展的教师。

贺祖斌：是的，我们学校的办学特色概括成几句话就是：教师教育的"领头羊"、人文强桂的"主力军"、科技兴桂的"生力军"和国际交流的"排头兵"。这既是学校办学特色，又是学校发展的核心竞争力。教师教育仍然是我们的办学底色和优势。

潘懋元：我以为师范教育是一种专业、职业教育，师范院校应该有"双师型"教师，他们一方面具有扎实的理论基础，另一方面具有丰富的教学实践能力和经验。学校要采取保障教师职业发展的措施，为教师提供理论和实践两方面的平台以供其学习和锻炼，从而提高其专业水平和职业技能。最重要的是教师应有荣誉感和幸福感。

新时代背景下,地方师范大学应向"多样化"发展。在教师教育领域强调多样性,就是强调多种形式办学,使得教师来源多元化;就是强调以多种模式培养师资,使得教师的素质结构各有不同;就是强调教师教育培养对象的多样化,使得包括各级各类教育教师在内的教师队伍能够整体实现专业化。只有切实把握并实践"多样化"的思路,才能真正应对处在不断变化中的教师角色、标准及相应的教师教育,才能及时跟上社会和时代的发展步伐,培养出高质量、专业化的师资队伍。许多"非师"专业,可以培养中等或高等职业教育的师资,使"非师"专业成为职业教育的师范专业。

师范大学的科学研究、学科建设与服务地方之间的关系,就是"顶天"与"立地"的关系,应该在"立地"的过程中实现"顶天"。学科如何结合地方经济社会发展的需要为地方服务,这才是最重要的,这样二者都能获得好的发展。

六、高等教育既要培养自然人,又要培养机器人

贺祖斌:近年来,人工智能等科技产品越来越多地融入了我们的生活,并已成为经济增长的新的驱动力。我了解到您一直以来非常关注这一领域,您认为在人工智能时代背景下,高等教育在人才培养方面会有怎样的趋势?

潘懋元:您提的这个问题,正是我想要谈的。高等教育的任务是培养专门人才,现在我们正面临着新难题、新任务。我认为,今后的社会,将由自然人和机器人(或称智能人)共同组成。因此,高等教育既要培养自然人,又要培养机器人,使之成为专门人才。培养机器人,事实上已经在进行中,主要是给它灌输知识、灌输数据,而现在已经开始培养机器人"动脑筋"。

贺祖斌:您这个观点非常新颖。您指的是智能化?

潘懋元:对,往智能方面发展。例如,现在饭店送餐,机器人完全可以送。另外,无人驾驶汽车,厦门已经有了,只是现在还不敢在马路上行驶。对于今后的无人驾驶,您只需要按一下手机,汽车就自动开过来了。您坐上去之后,要去哪里,只要报一下地名,汽车就可以自动导航,开到您要去的地方。您下车之后,汽车会自己回到库房里去。您再用的时候,按一下手机,它就又来了。这样的智能汽车已经在测试中。今后,自然人做不到的,机器人能够做到,同样,自然人干不了的坏事,它也能够干。试想,机器人往智能方面发展而又没有伦理来制约的话,会出现什么后果?这样会混乱的。所以在机器人的培养上,要用法律控制,要有伦理的制约。

机器人同自然人共同生存于新的社会中,其要与自然人和谐共处,还必须具有新的社会伦理道德以及生活能力。这需要设计者预测社会进步趋势,通过对机器人进行道德教育、情感教育、美育等,使之与自然人和谐共处,共同推动未来社会的发展。培养机器人,现在主要依赖于脑科学知识与信息技术。随着脑科学的发展,把自然人的大脑及其活动技能复制到机器人身上将不是不可能。如何教育好机器人,将是多学科专家在未来时代的新任务;如何把机器人培养为专门人才,将是高等教育所面临的艰巨任务,由此也开辟出了广阔的发展空间,需要众多专家通力合作。这是一个全新领域,也是一个新问题。

贺祖斌:感谢潘先生,耽误您这么多时间来讨论我们共同关心的问题。

目 录

质量与公平 **2016**

成就与治理

2019

2020

普及与评价

2020

2016
质量与公平

　　2016 年是国家"十三五"发展规划纲要实施的开局之年,我国高等教育发展站在历史新起点,拥有着新的机遇与挑战。纵观 2016 年中国高等教育领域,从全国高校思想政治工作会议的召开到强调高等教育的"四个回归",从《中国高等教育质量报告》的发布到中国加入《华盛顿协议》,从深化教育教学改革到动态调整高校学位授权,从"一带一路"教育国际化行动到高校科研资金管理新政出台,从《中国学生发展核心素养》的公布到高考招生计划的调整,这一系列事件反映了 2016 年中国高等教育的前沿动态与发展轨迹。从国家政策颁布到地方推动,从学校改革到学生发展,这些事件为 2016 年高等教育的发展留下了浓墨重彩的一笔。对于这一年所取得的成就,我们倍感欣慰,对于新问题的产生,我们及时反思,希望在对热点的关注、探讨与反思中,为我国高等教育发展提供思考。①

　　2016 年中国高等教育十大事件关键词:

　　思政教育、四个回归、质量报告、工程教育、深化教改、学科专业、一带一路、科研管理、素质教育、教育公平

---

① 本期主持贺祖斌,课题组成员:骆伟森、周伟、谢明明、蒲智勇、潘杰宁、张羽、宋晓洁、张艳婷、王金花、苏家玉、李欣怡、徐玲玉。

事件**1**

思政教育：

全国高校思想政治工作会议召开

⟳ 事件回顾

　　全国高校思想政治工作会议于 12 月 7 日至 8 日在北京召开。中共中央总书记、国家主席、中央军委主席习近平出席会议并发表重要讲话。他强调，高校思想政治工作关系高校培养什么样的人、如何培养人以及为谁培养人这个根本问题。要坚持把立德树人作为中心环节，把思想政治工作贯穿教育教学全过程，实现全程育人、全方位育人，努力开创我国高等教育事业发展新局面。

【来源：新华社 2016 年 12 月 8 日】

👥 集体讨论

　　宋晓洁：党的十八大以来，党中央就加强和改进高校思想政治工作做出了一系列部署。高校思想政治工作既是我国高校的特色，又是办好我国高校的优势。

　　张艳婷：移动互联网促进了高校的信息化发展。在多元化的时代，高校思想政治工作遇到的挑战更加严峻，承担的任务也更加繁重，还存在一些亟待解决的问题。

李欣怡：我所关注的是党委领导下的校长负责制。党委领导与校长负责是相互依存、相互促进的有机整体。加强高校思想政治工作，有利于明确各部门的职责，促进高等教育和谐发展，提高教育质量，更好地推进"双一流"建设，实现教育强国之梦。

周　伟：我认为高校思想政治教育工作，既可以通过课程的形式深化理论学习，又可以把思想政治教育与社会实践、教育实践相结合，如开展教育实践活动等。

苏家玉：加强高校思想政治教育工作，需要思考的重点问题是如何帮助大学生树立社会主义核心价值观，如何进一步引导大学生了解党的历史、关心社会发展、增强责任感和使命感、热爱我们的国家。

🔓 贺祖斌点评

习近平总书记在讲话中明确指出，我国有独特的历史、独特的文化、独特的国情，决定了我国必须走自己的高等教育发展道路，扎实办好中国特色社会主义高校。我国任何阶段的教育都有必要兼顾这三方面的独特性，尤其是高等教育。我国高等教育不能脱离中国的历史、文化、国情，中国发展道路永远不能脱离自己的国情，不能脱离中华民族的文明成果。中华民族的历史和文明以及中国的国情要求我们坚定信念，增强道路自信、理论自信、制度自信、文化自信，在高等教育发展过程中，在兼容世界思想文明成果的同时，传承中华民族的优秀成果。

习近平总书记指出，要加强师德师风建设，坚持教书和育人相统一，坚持言传和身教相统一，坚持潜心问道和关注社会相统一，坚持学术自由和学术规范相统一，引导广大教师以德立身、以德立学、以德施教。因此，做好高校思想政治工作应注重四个方面。一是要坚持教书和育人相统一。"教书育人"是一个统一的整体，不是教书兼育人，而是教书中必然包含着育人，教书育人是一个完整、统一的职业性社会活动过程。二是要坚持言传和身教相统一。教师的思想、行动直接影响着学生，因而教师的一言一行也应备受关注。教师应加强自身修养，不断提升育人水平，把言传身教内化为教书育人的出发点和落脚点。三是要坚持潜心问道和关注社会相统一。教育界有一句名言，即"板凳敢坐十年冷，文章不写半句空"，这诠释了什么叫"潜心问道"。与此同时，关注社会、参与实践也应该是教师的社会责任。四是坚持学术自由和学术规范相统一。坚持学术自由是学术研究追求的目标之一，也是实施创新驱动发展战略的动力和源泉。在坚持学术自由的同时，必须坚持学术规范，只有这样才能实现大学创新和健康发展。

📖 **相关阅读**

《高校思想政治工作质量提升工程实施纲要》
之"十大育人体系"（节选）

1.课程育人质量提升体系。

2.科研育人质量提升体系。

3.实践育人质量提升体系。

4.文化育人质量提升体系。

5.网络育人质量提升体系。

6.心理育人质量提升体系。

7.管理育人质量提升体系。

8.服务育人质量提升体系。

9.资助育人质量提升体系。

10.组织育人质量提升体系。

《高校思想政治工作质量提升工程实施纲要》
之主要内容（节选）

1.统筹推进课程育人。

2.着力加强科研育人。

3.扎实推动实践育人。

4.深入推进文化育人。

5.创新推动网络育人。

6.大力促进心理育人。

7.切实强化管理育人。

8.不断深化服务育人。

9.全面推进资助育人。

10.积极优化组织育人。

——摘自：教育部网站 2017 年 12 月 5 日

2016

事件**2**

四个回归：

积极推进高校"双一流"建设

🕐 事件回顾

教育部 10 月 15 日在华中师范大学召开武汉高等学校工作座谈会。教育部党组书记、部长陈宝生在座谈会上强调,在"双一流"建设进程中,高校要进一步转变理念,做到"四个回归"。一是"回归常识"。教育的常识就是读书。二是"回归本分"。教育的基本功能就是教书育人。三是"回归初心"。教育工作者的初心就是培养人才,一要成人,二要成才。四是"回归梦想"。教育梦就是报国梦、强国梦,具体体现就是"双一流"建设。

【来源:《中国教育报》2016 年 10 月 17 日】

👥 集体讨论

骆伟森:要认真落实好"四个回归",首先要明确教师的作用,其次应该给予教师适当的福利待遇,为教师提供多向的职业发展轨道,吸引更多的有为青年投入教育教学事业。只有明确教师的位置,才能真正落实好"四个回归"。

张　羽："回归初心"不仅是对高校而言，而且也是对每一位教育工作者以及每一位学生提出的要求。高校学术造假、论文抄袭事件时有发生，原本求知创新的学术殿堂，被功利主义思想污染。究其原因，也许是忘记了初心。

李欣怡：从我的自身感受来看，由于网络信息的冲击，我的阅读量减少了。由于阅读量的减少，大学生为教学改革课程储备的知识量有限，在与教师的互动交流中无法实现知识的碰撞和思想的共鸣，也无法获得丰富的信息。作为在校研究生，我非常认同贺老师的观点："除了上课和休息外，每天关机3小时，少一些刷屏点赞，多一点博览群书，专注追求，获得最大的宁静、快乐与幸福。"

苏家玉：在高等教育的改革与发展中，有些高校过分注重学科建设，往往忽视了教育的主体是学生。在高校评价中就业率一度成为最重要的指标，而学生精神层面的成长却得不到重视。这些对教育本质的遗忘不利于高等教育的现代化发展。

蒲智勇：高等教育"回归本分"，离不开一流的教学与师资。尤其在高校新入职教师的培养方面，国家也做出了努力。教育部今年首次启动了高校新入职教师国培示范项目，这对提升教师教学水平、推进"双一流"建设具有积极的意义。

王金花：现在一部分大学生追求的不是精神文化的满足，而是物质上的攀比；让他们引以为豪的不是中华文化的习得与道德修养的提高，而是物质消费。"四个回归"的提出要求高校重视精神文化的建设，有助于扭转这种局面。

贺祖斌点评

当前，在建设"世界一流大学和一流学科"的大背景下，高等教育要做到"回归常识、回归本分、回归初心、回归梦想"。这"四个回归"言简意赅，是对高等教育发展基本规律和基本逻辑的通俗表达，也是高等教育发展的方向。"双一流"战略实施以来，教育部、各省相继出台相应的政策，并投入专项资金，支持"双一流"建设，这也是自"211工程""985工程""2011计划"之后高等教育又一次重大改革，也是高等教育新一轮发展机遇。

"教育的常识就是读书。"这些年，我参加教育部组织的一些大学调研和教学评估，每到一所高校就会开展一项大学生阅读调研。据调查统计，这些学校中一年没有在图书馆借书的在校学生达到40%—50%，这是一个令人吃惊的数据。在互联网时代，我一直主张大学生要"少刷屏，多阅读"，大学校园要有适宜读书的氛围和人文环境，要有书香。一些大学教师对学生读书要求不高，学生功利性读书现象比较普遍，阅读的贫乏直接影响到课堂教学改革。

高等教育的本分就是教书育人。但是，目前少数高校教师理想信念模糊，育人意识淡薄，教学敷衍，教风浮躁，甚至学术不端、言行失范、道德败坏，严重损害了高校教师的职业形象和社会声誉。因此，高等教育回归本分刻不容缓。高等教育回归本分，要求大学教学实现教书与育人的有机统一、科学性与思想性的有机统一。高等教育回归初心，就是要尊重人的发展规律，培养德、智、体、美全面发展的大学生。这就要求我们高度重视高等教育的社会功能和社会价值，为社会主义事业培养具有社会责任感、创新精神和实践能力的高级专门人才。高等教育回归梦想，应该走中国特色的高等教育强国之路，应建设一批一流大学和一流学科，不但要重视研究型大学的建设，而且还应建设一批世界一流的应用型大学和职业学院。建设一流大学体现的是一种理念、一种意识、一种追求，是争创一流、追求卓越的大学精神，这应该是所有大学都应具备的。

我认为，强调高等教育要做到"四个回归"，是在"双一流"建设背景下，高等教育不断进行自我调整和自我完善而对社会需求做出的积极回应。

📖 相关阅读

高等教育"四个回归"的时代意义

高等教育要做到回归常识、回归本分、回归初心、回归梦想"四个回归"。这是对高等教育发展基本规律和基本逻辑的通俗表达，是对习近平总书记关于高等教育系列讲话和论述的高度概括，在我国高等教育推进综合改革的背景下具有十分重要的时代意义。回归常识是深化高校教学改革的控扼之要；回归本分是高等教育基本运行规律的不易之典；回归初心是坚持社会主义办学方向的点题之论；回归梦想是建设高等教育强国的必由之路。

（袁占亭）

——摘自：《中国高等教育》2016 年第 23 期

2016

事件3

质量报告：
中国高等教育实现跨越式发展

事件回顾

　　4月7日，教育部发布《中国高等教育质量报告》，这是我国首次发布高等教育质量报告，也是世界上首次发布高等教育质量的"国家报告"。这份"国家报告"显示，中国高等教育飞速发展，对中国经济社会历史性变化起到人才和智力的决定性支撑作用。21世纪以来，中国高等教育实现跨越式发展，2015年在校生规模达到3700万人，位居世界第一；各类高校达到2852所，位居世界第二；毛入学率达到40%，高于全球平均水平。这份报告还推出了我国全新的高等教育质量标准。

【来源：《中国教育报》2016年4月8日】

集体讨论

　　蒲智勇：这份"国家报告"推出了全新的高等教育质量标准，客观地反映了我国高等教育当下存在的不足。

　　谢明明：高等教育大众化以来，高校的基础设施、教学条件、校园环境得到了较好的改善,但许多方面却依然比较薄弱,如:学科专业设置优化不够、创新人才培养力度不够、高水平教师和创新团队数量不够、质量意识不强……这些薄弱方面直接影响了高等教育质量。

　　张　羽:所谓高等教育毛入学率的提高只是一个平均值,过分地强调或追赶一个数值,可能会忽视各省份之间高等教育的差异,从而拉大高等教育在各省份之间的差距。高等教育毛入学率增长的背后存在的一系列问题值得深思。

　　苏家玉:这份报告的数据显示,中国高等教育"体量"已成为世界之最。但是随着高等教育入学人数的增加,首先导致的是人均师资、经费严重不足,其次是专业设置不够优化、质量意识下降。这些都在考验着高校的办学能力。我国高校在人才培养数量上已取得可观的成绩,但人才培养质量仍有待提高。

　　宋晓洁:从这份高等教育质量报告可知,"全国哲学社会科学领域85%以上的科研成果集中在高校"。重点高校对国家创新体系建设的贡献度启示新建本科高校也需要在应用型科技研究方面不断提升科研能力,并且相关的科研能力与科研成果应该与应用型人才培养相适应。

🔓 贺祖斌点评

　　由教育部发布的高等教育质量"国家报告"显示了许多亮点数据:2015年在校生规模达到3700万人,位居世界第一;工程教育规模居世界第一;等等。事实上,各高校质量报告早就置于阳光之下,2014年全国所有的本科院校都发布了质量报告,年度本科教育质量报告发布制度也逐步建立。从"本科教学质量报告"到高等教育质量"国家报告",体现了当前不仅需要强化高校内部质量意识,更需要从总体上认识和把握中国高等教育质量状况,从而进一步推动高等教育和谐发展,提高教学质量。我有幸参与撰写的、由教育部发布的《中国新建本科院校质量报告》《中国民办本科教育质量报告》展示了中国新建本科院校和民办高等教育的新面貌。

　　我在专著《高等教育质量论》中曾提到,在中国高等教育大众化背景下,为了保证高等教育质量,必须实现"四化"。一是规范化。建立制度化、规范化的质量监控与保证体系,是21世纪促进高等教育持续发展、教学质量不断提高的必然要求。二是标准化。针对高校教学质量管理不规范、管理者的随意性较大、管理效率不高等情况,建立高校内部教学质量保障机制尤为重要。三是多样化。高等教育大众化是社会发展的必然趋势,而高等教育多样化则是实现大众化的必经之路。四是国际化。只有高校教学、科研等方面实现国际化,才能真正保证高校的教学质量。正如哈佛大学前校长科南特所言:大学的荣誉,不在于它的校舍和人数,而在于它一代又一代人的质量。适逢"双一流"建设时期,我国高等教育也应在择师和育人上坚持高标准,确保高质量,走内涵式发展之路。

📖 相关阅读

系列高等教育质量报告首次发布(节选)

一是绝对量的变化:以高等教育在学总规模为例。新中国成立的 1949 年:11.7 万人;改革开放的 1978 年:86.7 万人;刚刚过去的 2015 年:3700 万人,与新中国成立时相比,高等教育的规模增长超过 310 倍,位居世界第一。目前,全世界平均每 5 个在校大学生中至少有 1 个是在中国高校学习的。

二是相对量的变化:以高等教育毛入学率为例。新中国成立的 1949 年:0.26%;改革开放的 1978 年:1.55%;刚刚过去的 2015 年:40%,与新中国成立时相比,高等教育毛入学率增长超过 150 倍,预计到 2019 年,将达到 50% 以上,进入高等教育普及化阶段。

新中国成立至今,中国高等教育为国家经济社会发展培养人才 8400 多万。中国翻天覆地的变化如果没有中国高等教育接近 1 亿人才和智力的贡献和支撑,是难以想象的。因此我们说中国高等教育取得了伟大的、辉煌的、无与伦比的历史性成就,为国家和社会做出了伟大的、辉煌的、无与伦比的历史性贡献。

——摘自:教育部网站 2016 年 4 月 7 日

2016

事件**4**

工程教育：

《华盛顿协议》促进教育国际化

🕐 事件回顾

6 月 2 日，在吉隆坡召开的国际工程联盟大会上，中国成为国际本科工程学位互认协议《华盛顿协议》的正式会员。这是我国高等教育发展的一个里程碑，意味着英、美等发达国家认可了我国工程教育质量。2005 年，中国开始建立工程教育认证体系，逐步在工程专业开展认证工作。经过近 10 年的发展，截至 2015 年底，已有 553 个专业点通过认证。

【来源：《中国教育报》2016 年 6 月 3 日】

👥 集体讨论

潘杰宁：正式加入《华盛顿协议》，使我国工程教育质量标准实现了"国际实质等效"，这也意味着我国工程教育质量保证体系得到了国际认可。

骆伟森：我国工程教育质量达到了国际标准，这既是对我国高等教育取得的巨大成绩的充分肯定，同时也是我国高等教育对外开放迈出的重要一步。

周　伟：我认为应该以此为契机推动工程教育发展，加强高精尖技术的创新与开发,以推动地方产业结构的调整与经济的发展。在这个过程中可以重点加强"双师双能型"教师队伍的建设,把行业的实际情况与人才培养有效地联系起来。

王金花:加入《华盛顿协议》并不是我国工程教育专业认证的结束,而是我国进入国际工程科技人才培养评价体系的开始。将我国的工程教育推向世界并不难,难的是如何将我国工程教育的特色化、多元化和国际化融合在一起,做到既不顾此失彼,又能扬长避短。

张艳婷:我认为工程教育要加强课堂与产业之间的联系,仅靠学校教学远远不够,还需要企业在课程开发、实践教学、教师培训等人才培养的各个环节提供广泛支持。只有这样,工程教育才能培养出适应"中国制造 2025"需要的高质量人才。

贺祖斌点评

工程教育是我国高等教育的重要组成部分。据统计,截至 2013 年,我国普通高校"本科工科在校生数达到495334人,本科工科专业布点数达到15733个,总规模已位居世界第一"。另外,据了解,"开设工科专业的本科高校占本科高校总数的91%;开设工科本科专业占全国本科专业点总数的32%"。在国家工业化进程中,工程教育对于门类齐全、独立完整的工业体系的形成与发展发挥了不可替代的作用。为了尽早加入《华盛顿协议》,《国家中长期教育改革和发展规划纲要(2010—2020 年)》提出,将"卓越工程师教育培养计划"(简称"卓越计划")作为改革试点项目。该计划旨在探索建立高校与企业联合培养人才的新机制,创新工程教育人才培养模式,建设高水平工程教育教师队伍,扩大工程教育的对外开放范围。"卓越计划"的实施,推动了我国工程教育的发展,形成了校企合作培养人才的新模式,提升了教师队伍的工程实践能力,提高了我国工程教育的国际化水平。可以说"卓越计划"的实施为我国工程教育成功加入《华盛顿协议》打下了坚实的基础。

我认为,中国加入《华盛顿协议》,不仅意味着中国的工程教育正走向世界,为工科学生走出国门和高等教育走向世界打下了基础,而且能够促进我国按照国际标准培养工程师,提高工程技术人才的培养质量。这是推进我国工程师资格国际互认的基础和关键,对于我国工程技术领域应对国际竞争具有重要意义。

相关阅读

《华盛顿协议》介绍

《华盛顿协议》是工程教育本科专业学位互认协议,其宗旨是通过多边认可工程教育资格,促进工程学位互认和工程技术人员的国际流动。工程学位的互认是通过工程教育认证体系和工程教育标准的互认实现的。我国的工程教育认证由中国工程教育认证协会组织实施,对外由中国科协代表中国加入《华盛顿协议》。

《华盛顿协议》于1989年由6个英语国家的工程专业团体发起和签署。经过20多年的发展,已经发展成为最有国际影响力的教育互认协议,成员遍及五大洲,包括美国、英国、加拿大、爱尔兰、澳大利亚、新西兰、中国香港、南非、日本、新加坡、中国台湾、韩国、马来西亚、土耳其、俄罗斯15个正式成员,和印度、巴基斯坦、斯里兰卡、孟加拉国、德国、中国、菲律宾7个预备成员。

《华盛顿协议》的主要内容包括:①各正式成员所采用的工程专业认证标准、政策和程序基本等效;②各正式成员互相承认其他正式成员提供的认证结果,并以适当的方式发表声明承认该结果;③促进专业教育实现工程职业实践所需的教育准备;④各正式成员保持相互的监督和信息交流。

——摘自:中国工程教育认证协会教育秘书处2013年8月20日

中国加入《华盛顿协议》的意义

吴岩(教育部高等教育教学评估中心主任):"这是我国高等教育发展的一个里程碑,意味着英、美等发达国家认可了我国工程教育质量,我们开始从国际高等教育发展趋势的跟随者向领跑者转变。"

顾佩华(汕头大学执行校长、加拿大工程院院士):"中国拥有世界上规模最大的工程教育,加入《华盛顿协议》,不仅是中国工程教育国际化进程的重要里程碑,对于世界工程教育,特别是《华盛顿协议》也开启了一个崭新的时代。"

在工程教育国际化背景下,很多学校在《华盛顿协议》标准基础上,丰富完善自己的培养特色与要求,积累了中国在工程教育和教育认证方面的最佳实践经验,这将推动全球工程教育认证及互认,扩大《华盛顿协议》全球影响力,促进工程教育全球化发展。

——摘自《中国教育报》2016年6月3日

2016

事件**5**

深化教改：

提高高等教育人才培养质量

🕐 事件回顾

7月4日,教育部下发了《关于中央部门所属高校深化教育教学改革的指导意见》(以下简称《意见》)。《意见》指出:"近年来,高等学校特别是中央部门所属高校(以下简称中央高校)不断推进教育教学改革,人才培养质量大幅提高,创造了许多可复制可推广的经验和做法,在全国高校具有引领和示范作用。但一些高校仍存在教育教学理念相对滞后、机制不够完善、内容方法陈旧单一、实践教学比较薄弱等问题。"

【来源:教育部网站2016年7月4日】

👥 集体讨论

宋晓洁:《意见》提出积极设置"互联网+""中国制造2025"等战略性新兴产业相关专业,以达到双赢的效果。一方面,高校以战略性新兴产业为出发点设置相关专业,可以在此基础上构建相关特色理论体系、特色研究方法;另一方面,战略性新兴产业相关专业的设置有利于将科学研究与社会服务功能相结合,专家学者们可用特色理论体系、特色研究方法解决战略性新兴产业面临的实际问题,为战略性新兴产业的发展提供"中国思路"。

周　　伟:"学生中心"学习模式,突破了教师"教"、学生"学"的传统课堂教学模式,对教师和学生提出了更高的要求。"学生中心"学习模式在教学方式方法、学科设置、实践能力养成等方面具有优势,有利于培养拔尖创新人才。

蒲智勇:《意见》明确指出,"让优秀的教师为本科一年级学生上课"。在我看来,这一规定既有意义又接地气。刚入学的大一新生对大学充满期待,一进大学就遇上优秀的教师,这对他们树立正确的学习观念、养成良好的学习习惯、制订切实可行的学习计划等,无疑具有积极的意义。

张艳婷:我赞同蒲智勇师兄的观点,这样的规定充分体现了高校管理的灵活性,有利于加强师生间的交流和互动,营造良好的教学氛围,促进高校的教学改革,提高教育教学质量。

骆伟森:《意见》中很重要的一部分内容是聚焦人事制度改革,提出提升学术委员会地位,建立教授预聘和长聘制度,推行二级管理;强调大学教育质量与优秀教授群体的地位密切相关;制定综合改革方案,在学科设置、招生规模、资源配置的自主权方面寻求突破。

🔓 贺祖斌点评

教育部不仅下发了这份《意见》,近几年下发的好几份文件都涉及教育教学改革问题,比如"高教三十条"、创新创业教育、地方本科高校转型发展等。从大学的核心功能来看,在世界高等教育发展史上,不管大学组织结构和功能发生多少重大变革,通过教育教学实现知识传播,通过科学研究推进新知识的创造和产生,始终是大学的核心功能。从大学的中心工作来看,人才培养是学校工作的中心,大学的所有工作都必须围绕人才培养工作来展开。大学对于国家而言最重要的意义,就是为国育才,为国家和社会输送各类应用型创新人才。因此,高校必须牢牢抓住全面提高人才培养能力这个核心,并以此带动高校其他工作的开展。

创新教育已成为当前高等教育思想改革的核心,培养出有创造性思维的高素质人才,是今后高等学校教学改革工作的重点。我在《我们需要什么样的创新教育》一文中提出,大学要培养满足社会需要的高素质人才,必须解决教育教学中存在的创新教育问题。具体而言,就是在培养目标与人才规格的制定方面,注意加强基础、拓宽专业,注重提高学生包括创业能力在内的综合素质;在实践基地建设方面,注重利用各种资源建设创业孵化基地和校外创新创业实践基地,培养学生的社会适应能力;在课程建设方面,在注重专业知识传授的同时,要注重知识的系统性,加强学生学习方法和专业技能、创新能力的培养。同时,针对不同性质的高校,分别开展本科高校审核评估、合格评估和专业论证评估,并以此作为教学质量管理与保证的手段,只有这样才能培育出更多符合社会发展需要的人才。

相关阅读

高校深化教学改革的共同任务

尽管各校的情况不同,改革的重点也各不相同,但有几项任务是共同的。

第一,更新教育理念。大学的教育教学理念要体现国家社会需求,体现时代精神,体现不同学校办学定位,既有共性又各具特色。改革理念不仅是改革设计者的,更重要的是成为广大师生的共同理念和实践探索。

第二,深化创新创业教育改革。这是当前推进高等教育综合改革的重中之重和突破口。推进创新创业教育改革,应面向全体学生,引导全体教师参与,贯穿人才培养特别是本科教学全过程。

第三,调整优化学科专业结构。高校要根据国家发展需求、科技发展趋势,制定学科专业发展规划,对传统学科专业进行更新升级,注重不同学科知识的交叉融合,寻求新的学科专业建设方向,不断提高人才培养质量。

第四,完善开放办学协同育人机制。学校与社会实务部门、科研院所、行业企业协同育人是优化人才培养机制的重要制度创新。

第五,提升国际交流合作能力。一些学科专业要积极稳步推进国际实质等效标准,促进我国教育质量评价标准既有中国特色,又具有世界水平。

第六,推进信息技术与教育教学深度融合。高水平大学要通过建设课程、加强应用、创建制度,来主动适应、积极引领信息技术与教育教学深度融合的大趋势。

第七,深入推进拔尖创新人才培养。各校既要积极创造条件,加强各类拔尖创新人才培养,也要充分发挥"拔尖计划"的示范引领作用,领跑学校整体教学改革,促进整体教学水平提升。

(林蕙青)

——摘自:《中国人大》2016 年第 16 期

2016

事件 **6**

学科专业：

动态调整优化学科专业结构

🕐 事件回顾

　　10月19日,教育部印发《国务院学位委员会关于下达2016年动态调整撤销和增列的学位授权点名单的通知》,正式公布了2016年各高校的硕士、博士学位点动态调整结果。在2016年动态调整撤销和增列的学位授权点名单中,共撤销了175所高校的576个学位授权点,其中包括大量博士学位授权点。此外,增列了178所高校的366个学位授权点。

【来源:教育部网站2016年9月23日】

👥 集体讨论

　　蒲智勇:在我国高等教育大众化进程中,"规模大、学科全、综合化"一度成为众多高校的发展目标。一些高校千方百计地扩大学科专业学位授权点,学科专业"大而全",学科建设定位不清,与学校学科发展整体规划不符,直接影响了人才培养的质量。

　　苏家玉:动态调整成为常态,可以倒逼人才培养质量的提升,强化培养单位的主体意识和责任意识,引导高校充分行使办学自主权并且不断走向自律。

李欣怡:目前我国的学科评估体系尚未健全。为此,就国家而言,可借鉴西方国家学位授权点撤销程序,如同行评议、内部评估、校友与公众听证会、协商申诉等,在此基础上结合实际,提出具有中国特色的、完善的学位授权点撤销办法;就学校自身而言,要学会自评,注重质量,做到自律,主动撤销不合格的学位授权点。

周 伟:继国家教育行政部门实施"双一流"政策以来,"特色发展"逐渐成为各高校的办学方向,也是其核心竞争力的体现。"特色发展"要求各高校在办学的过程中不要盲从,要明确自身办学定位,集中力量发展优势学科,打造特色专业,在众多院校中形成强大的竞争力。

徐玲玉:虽然撤销或"整改"部分学位授权点是提升高校办学水平、服务经济社会发展的有力措施,但是对各类型高校,尤其是对地方新建本科院校学位授权点的动态调整不应仅限于服务地方经济的发展,而应该综合考虑学科系统的完整性。高等教育的发展不能全然为社会服务,服务社会只是高等教育的四大基本功能之一。

🔓 贺祖斌点评

此次学位授权点的合格评估与动态调整,是教育行政主管部门推进管办评分离的重要措施,是人才培养单位自主发展和改革的重要体现,尤其是主动撤销学位授权点,颇有"壮士断腕"的勇气,体现了我国高等院校走内涵式发展道路的决心。

从 2016 年起,教育部之所以在全国范围内向学位授权点"动刀",我想,这一方面是因为学位授权点的获得与否是学科建设水平高低的重要反映,另一方面是因为在某些功利因素诱导下存在"重申报轻建设"的问题。通过合格评估,建立优胜劣汰的良性竞争机制,警告与撤销带来的震慑作用将倒逼高校"注重质量自律、注重人才培养、注重学科建设",因此,这也是高校不断提升人才培养质量的强大压力和动力。通过动态调整,赋予高校自主设置和调整学科专业的权利,让高校主动布好局、定好位,思考学科发展与学校定位、学科建设基础与发展态势、学科发展与社会需求等的关系问题,优化学科布局,提升学科建设意识,激发高校内在发展动力。

不难看出,教育行政主管部门探索建立的学位授权点动态调整机制,充分考虑到了政府与办学主体的关系与职责,将政府的宏观调控与办学主体的质量自律相结合,形成了动态监督机制。与此相对应,一些高校也对本校的专业设置进行了动态调整,取消、暂停一些就业渠道有限的专业,增加应用性强、就业前景好的新专业,使专业结构趋于合理。

📖 相关阅读

高等教育改革中的减法

全国各高校大幅学位授权点动态调整发生在全国第四轮学科评估结果即将出炉和建设"双一流"计划启动之际。有关专家对此解读,各大学的学位授权点自2015年打破"终身制"以来,授权点"有上有下""有增有撤"将成常态。

专家认为,如果说加快一流大学和一流学科建设是高等教育改革的加法,那么,学位授权点的撤销就是做必要的减法,中国高校的转型发展,实质上是中国高等教育的供给侧结构性改革。学科点调整与撤销有利于优化高校学科布局,优化高等教育结构,对于解决高校改革发展中的教学资源分散、人才培养质量不高等病症大有裨益。不少高校撤销大量学位授权点,意味着高校的发展思路正改为走内涵式发展道路。

——摘自:《北京青年报》2016年10月20日

2016

事件 **7**

一带一路：

推进高等教育国际合作

⟳ 事件回顾

11 月 22 日,教育部与福建、广西、海南、贵州、云南、新疆六省(区)在京签署"一带一路"教育行动国际合作备忘录。教育部长陈宝生指出,"一带一路"是中国教育国际合作交流的顶层设计,是中国教育逐步走向世界教育中心的路线图,是在更高层次、更大范围推进教育国际合作交流的重要抓手。他强调,要在"一带一路"总体战略部署下开展教育国际合作交流,积极主动服务国家对外开放大局;要做好统筹规划,通过与"一带一路"沿线国家的教育合作交流,为我国建设教育强国、实现教育现代化夯实基础。

【来源:教育部网站 2016 年 11 月 22 日】

⚇ 集体讨论

潘杰宁:推进"一带一路"教育行动国际合作,我认为,最重要的就是在理念层面建立"一带一路"的教育共同体,也就是呼吁大家携起手来,增进理解、扩大开放、加强合作、互学互鉴,直面共同命运,勇敢承担共同的责任,全面支持共建"一带一路"。

李欣怡:在操作层面,我认为可以从两点入手:一是积极签署双边、多边国家之间的教育合作协议;二是制定沿线各国教育合作交流的国际公约。

苏家玉:高校要在构建"一带一路"教育共同体中发挥应有作用,我认为最重要的是,各高校应依据自身优势和企业人才需求,在政府政策指导下,开通沿线各国间的教育交流渠道,并与沿线各国协商制定人才培养方案,实现以人才培养为主导的教育交流与合作。

徐玲玉:高等教育要走出去,既要传播中国优秀的传统文化,又要吸收世界上先进的文化。以"一带一路"框架为基础,中国高等教育将会迈向更高层次。

谢明明:签署"一带一路"教育行动国际合作备忘录,可以说是确立高等教育"中国标准"的有益探索。在经济全球化和世界多极化背景下,各国的教育生态呈现出多样化发展趋势,确立一种相对的标准有利于高等教育的良性发展。

🔓 贺祖斌点评

"一带一路"倡议为进一步推进我国高等教育国际化、深化高等教育领域综合改革、提高教育质量提供了重大战略机遇。高等教育的发展需要加强国际交流与合作,只有加强国际交流与合作,才能推动高等教育走向更高层次,达到更高水平。此次教育部与六省(区)签署"一带一路"教育行动国际合作备忘录,实际上是国家把教育综合改革推向深入的必然选择,并借此机会大力推进西部地区教育的发展,尤其是着力推进高等教育的发展。这有利于改善长期以来西部地区由于受经济因素影响,教育投入数量偏少、比例偏低的现状。

我在 2015 年广西"一带一路"倡议研讨会上提出,高等院校应该围绕"一带一路"在人才培养、专业改造、社会服务、战略研究等方面努力发挥积极作用。高校如何发挥积极作用? 我认为,高校应从三个方面做好相关工作。第一,注重国际化人才的培养。当前,熟悉国际规则、具有国际视野、善于在全球化竞争中把握机遇的国际化人才严重缺乏,因此,高校应结合自身办学特色、学科优势和学术优势,突出重点和特色,抓住"一带一路"重要机遇,积极参与、深度合作,加快推进来华留学生教育,培养一批适应"一带一路"建设需要的国际化人才。第二,努力构建科技合作平台,加强与"一带一路"倡议中国家目标高度契合的学科专业基础建设,通过科技合作破解发展难题,建立集人才培养培训、产学研合作和资源战略管理为一体的高水平合作平台。第三,积极推进文化合作与交流。开展国际教育与学术交流,促进各国之间的互相理解、信任和共同合作,应该成为今后破解资源缺乏、环境恶化等全球性问题的重要渠道。与沿线各国在经济、教育等多方面的合作,可以更好地推进我国高校国际化办学,对实现我国教育现代化和多元化具有重要的意义。

相关阅读
推进共建"一带一路"教育行动之合作重点(节选)

1.开展教育互联互通合作。加强教育政策沟通;助力教育合作渠道畅通;促进沿线国家语言互通;推进沿线国家民心相通;推动学历学位认证标准连通。

2.开展人才培养培训合作。实施"丝绸之路"留学推进计划;实施"丝绸之路"合作办学推进计划;实施"丝绸之路"师资培训推进计划;实施"丝绸之路"人才联合培养推进计划。

3.共建丝路合作机制。加强"丝绸之路"人文交流高层磋商;充分发挥国际合作平台作用;实施"丝绸之路"教育援助计划;开展"丝路金驼金帆"表彰工作。

——摘自:教育部网站 2016 年 7 月 15 日

2016

事件 8

科研管理：
促进科学研究创新驱动发展

🕐 事件回顾

7月31日,中共中央办公厅、国务院办公厅印发《关于进一步完善中央财政科研项目资金管理等政策的若干意见》(以下简称《意见》),聚焦高校、科研院所和科研人员关心的突出问题,提出改革和创新科研经费使用和管理方式,着力激发创新创造活力。《意见》强调"四个坚持"的原则:一是坚持以人为本;二是坚持遵循规律;三是坚持"放管服"结合;四是坚持政策落实落地。

【来源:新华社 2016 年 7 月 31 日】

👥 集体讨论

潘杰宁:高校科研项目经费的管理与使用近年来颇受争议,其使用、管理、监督各有难处,陷入一种"一管就死,一放就乱"的非健康状态。新的政策加大了改革力度,科研人员有了自主支配经费权,经费管理更加灵活。同时我们也应该看到,"松绑"不是不管,关键问题是如何走出一条科研经费管理的"均衡之道"。

李欣怡：《意见》提出的背景是在国家创新驱动发展的决策部署下，通过加大财政科技投入来支持以科技创新为核心的全面创新。其本意在于希望通过此办法，解决现实中一些高校、科研院所存在的科研管理混乱，资源浪费、利用效率不高，以及科研项目资金管理"过细过死"和"重物轻人"等问题。

蒲智勇：在科研经费规范管理方面，需要进一步落实相关规定。一方面，应强化自我约束和自我规范，制定内部管理办法，落实项目资金使用与管理权限；另一方面，要加强资金管理工作的督查、指导、审计，确保政策规定落到实处。

王金花：从《意见》中可以看到，有五项"做减法"，只有"建立健全科研财务助理制度"这一项"做加法"，其本意在于让"专业的人做专业的事"，为科研人员潜心从事科研营造良好的环境。

徐玲玉：我国目前正处于产业转型升级的关键时期，急需拔尖创新人才以及大量的科技创新成果，以服务经济社会发展。中央高校实施科研资金管理政策，为科技创新、经济转型提供了新的契机。

🔓 贺祖斌点评

李克强总理在 2016 年全国科技创新大会上指出，推进科技领域简政放权、放管结合、优化服务改革，在选人用人、成果处置、薪酬分配等方面，给科研院所和高校更大的自主权，让科研人员少一些羁绊和杂事干扰，多一些时间去自由探索，完善保障和激励创新的分配机制，提高间接费用和人头费用比例。他的讲话引起与会科技人员的强烈共鸣。高校科研管理问题，此前已成为社会热议的话题。一些科研人员的"改革成就感和获得感"不够强，反映出科研项目资金管理存在"过细过死"以及"重物轻人"等问题。《意见》的出台，规范了高校科研资金的使用，以防止科研经费用途造假、科研经费各个环节管理不完善等现象的出现，进一步完善了科研资金管理政策，明确提出了科研经费管理的具体规定，为高校自主开展科学研究提供了稳定的支持。其中，"自主规范管理横向经费"的相关规定指出，以市场委托方式取得的"横向经费"，由项目承担单位按照委托方要求或合同约定管理使用，解决了"横向经费纵向化"管理问题，有利于调动广大科研人员积极性，激发其自主创新的活力。

在促进创新发展战略落实的过程中，人才成为第一资源。我曾在《充分发挥高校创新驱动推动作用》一文中强调,高校作为科技第一生产力和人才第一资源的重要结合点,应在国家和区域推进创新驱动发展战略中发挥重要的推动作用。高校在创新驱动发展战略实施过程中,要关注三个要素:制度要素、物质要素(科研资源)、人的要素。促进科研资金管理政策的完善,应在制度层面体现"人"与"经费"的主次关系,减轻科研人员的科研阻力,调动科研人员的积极性。制度要素和物质要素在科研创新中主要为科研人员服务,体现了"人"逐步成为科研创新中的第一资源。其实,在所有创新活动中"人"才是最重要的因素。

事件**9**

素质教育：
《中国学生发展核心素养》发布

🕐 事件回顾

9月13日,《中国学生发展核心素养》研究成果在京发布。核心素养以培养"全面发展的人"为核心,分为文化基础、自主发展、社会参与3个方面,综合表现为人文底蕴、科学精神、学会学习、健康生活、责任担当、实践创新6大素养,具体细化为国家认同等18个基本要点。该成果是教育部委托北京师范大学,联合国内高校近百位专家成立课题组,历时3年完成的。"学生发展核心素养"指学生应具备的、能够适应终身发展和社会发展需要的必备品格和关键能力,是关于学生知识、技能、情感、态度、价值观等多方面的要求。《中国学生发展核心素养》的发布,对高校教师提出了新的挑战。

【来源:《人民日报》2016年9月14日】

集体讨论

蒲智勇：《中国学生发展核心素养》的发布，促使高校更加注重培育学生的理想信念，更加关注学生的生命质量和生命价值，更加重视学生的终身发展，强调学生是"完整的人"这一理念。高校的课堂教学将更加强调育人的功能与价值，实践活动也更加注重学生创新意识与实践能力的培养。

骆伟森：对于《中国学生发展核心素养》的发布，我的理解：首先，各个高校应根据自身的办学类型、办学定位、办学特色，对《中国学生发展核心素养》所列出的各项指标和具体要求进行"校本化"分析；其次，通过引领和促进教师的专业发展，研究适合本校学生的教学方法，指导教师在日常教学中更好地培养学生发展核心素养，促进学生全面发展。

苏家玉：促进学生全面自由发展是21世纪以来我国教育的重要目标。但是在教育实践过程中，学生的知识掌握程度一直是量化评价的全部内容，而学生人文素养的培育、社会责任感的养成、实践能力的获得等方面没有得到足够的重视。因此，高校应该在教育实践过程中形成合理的培养机制，转变应试教育的观念，真正把培养学生发展核心素养落到实处。

王金花：既然"课程是培养学生发展核心素养不可或缺的重要载体"，而学生的核心素养具有时代性，那么，如何在课程目标的制定以及课程实施等环节与时俱进、培养学生发展核心素养就成为高校教师面临的一大挑战。教师应站在学科前沿，关注社会的需求，探寻适合学生发展的培养方案。

周　伟：学生发展核心素养需要从小就开始培养，每一阶段的学习都应按照学生的身心发展规律培养相应的能力。高校教师在培养学生发展核心素养的同时，也应该认识到学生发展核心素养的养成需要时间的积淀。

贺祖斌点评

《中国学生发展核心素养》的发布，引起了社会的广泛关注，特别是引起了教育界的积极回应。如果说素质教育是关于人的全面发展的一种理念的话，那么《中国学生发展核心素养》的发布则让素质教育这一理念更加清晰明确、切实可行，尤其是围绕人文底蕴、科学精神、学会学习、健康生活、责任担当、实践创新6大素养而细化的18个基本要点，为基础教育乃至高等教育的具体实施指明了方向。

《中国学生发展核心素养》的发布，从文化基础、自主发展、社会参与3个方面对大学的人才培养提出了新的更高的要求。首先,在文化基础方面,要求大学生具有一定的人文底蕴和科学精神。文理分科过早、专业教育的强化,使得科学与文化在学生思维中产生隔阂。因此,大学教育中文理学科的交叉渗透非常重要,尤其是对于理工科学生,多读一些人文书籍和选修人文课程,无疑有助于其人文素质的提高。其次,在自主发展方面,要求大学生学会自主学习、自主生活。大学的课程与教学应该围绕学生的自主发展进行改革,更好地适应学生自主发展的需要。再次,在社会参与方面,强调大学生的社会责任与实践创新。正如纽曼所言,大学的真正功能就是要培养良好的社会公民,要为大学生的社会参与提供更多的机会和平台,促进大学生的全面发展。总之,大学因学生而存在,大学教育培养的对象——学生,永远是大学的主人。在提高学生综合素养方面,我所在的学校进行了许多探索,如:每学期通过"博雅大讲坛"开设100多门通识课程,涵盖了艺术、历史与人文、自然与技术等方面,确保每天都有学术讲座;实行体育俱乐部制度,提倡"爱什么就学什么"的理念;建立校外大学生创业实践与实训基地,为学生在服务地方经济社会发展中提升创新创业能力提供了保障。相信这些努力将对学生文化基础、自主发展及社会参与3个方面素养的提升具有积极的意义。

相关阅读

中国学生发展核心素养:深入回答"立什么德、树什么人"

中国学生发展核心素养紧紧围绕立德树人要求,坚持以人为本,遵循学生身心发展规律和教育规律,重视理论支撑和实证依据。具体来看,主要有以下三个特点:

一是彰显了中国特色。根植于中华民族文化历史的土壤,系统体现中国特色社会主义核心价值观要求,明确把国家认同作为基本要点,突出了宽和待人、孝亲敬长,热爱中国共产党、具有中国特色社会主义共同理想等中国特色鲜明的素养。

二是体现了时代特征。提出具有工程思维,适应"互联网+"趋势,理解人类命运共同体的内涵与价值等时代特色鲜明、反映新时期人才培养要求的素养。

三是强调了整体要求。系统体现德智体美诸方面的基本要求,素养内涵界定坚持必备品格与关键能力的有机统一,每种素养既具有品格属性,又具有能力特征。

(林崇德)

——摘自:《人民教育》2016年第19期

2016

事件 **10**

教育公平：
高考招生计划优化调整

🕐 事件回顾

　　4月25日,教育部、国家发改委发布《2016年部分地区跨省生源计划调控方案》,高等教育资源丰富且2016年升学压力较小的12个省(市),将向部分中西部省(区)以及广东省共10个省(区)调剂16万生源。跨省生源计划调控,以不降低各支援省份的高考录取率、本科录取率为基本前提,落实"缩小区域发展差距,促进教育公平"的决策部署。"调控计划"的实施,既有利于受援省(区)提高录取率,也有利于支援省(市)高校获得稳定生源,提高办学效益。

【来源:教育部网站2016年4月25日】

👥 集体讨论

　　潘杰宁:教育公平考验着教育管理部门设计顶层制度、应对网络谣言等多方面的能力。面对中国教育发展不平衡的现实,设计一套更完善和公平的高等教育考试招生制度,是社会发展的必然选择,没有退缩的余地。

张　羽：我认为高考改革应该循序渐进，应该让广大人民群众清楚了解制度设计、实施的过程，争取大部分人的理解和支持，少一些"突击"，多一些公开、透明的信息，不要给网络谣言留下滋生的余地。

宋晓洁：任何制度都无法回避价值取向问题，高考招生制度也不例外。价值取向是价值主体各方利益与需要的反映，也是制度制定主体价值追求的体现。

苏家玉：高考招生计划分配机制的出发点是均衡各地教育资源，但是这种机制也暗含了各种不公平的隐患，比如地方政府"跑指标"的现象。高考招生不能总是依赖政府的指标调剂，而是要加强我国高校招生的自主权，在高校与考生之间形成平衡机制。但是要加强评判标准的公平性、招生过程的透明度等，并且需要建立合理有效的监督机制。

徐玲玉：促进教育公平是每位学生和家长的呼声。我们需要"从源入手、从行把控、从果反思"，换句话说，就是要牢牢把握好起点公平、过程公平和结果公平。

贺祖斌点评

高考一直都是社会关注的焦点。我曾经连续几年在高考前夕发表文章讨论高考问题，如《高考改革与创新人才培养》《从高考看大学未来的发展》《高考与教育公平》等。我在《高考与教育公平》一文中指出，现行的高考制度反映出我们的教育公平问题，即高考区域性的不均衡、部分政策的不合理、高考在城乡教育间的差异性。目前，由于我国的高考制度受户籍制度的影响，高等教育在东、中、西部地区的发展极不平衡。"我国高等教育的毛入学率虽然已达到40%，但东西部差异很大，比如经济发达的江苏、浙江都已经超过50%，欠发达的西部省（区）如贵州、云南、广西依然较低，刚刚超过30%。"坚持均衡性应该考虑到地区的差异和历史的因素，因此，招生计划不能一刀切，应该对西部地区给予倾斜，以弥补长期以来对欠发达地区的教育欠账。

如今我国正加大力度推进高考公平。比如去年的高校专项计划中，清华大学、北京大学等高校取消了往年"由所在中学推荐"的规定，凡符合计划条件的农村考生均可通过自荐形式报名参加，这就是对现行制度的一种补偿性政策。我认为，高考招生计划调整作为新一轮高考制度改革仍然坚持了教育公平的价值取向，这不仅反映了各方利益与需要，而且反映了高考招生制度改革主体的价值追求。新一轮高考制度改革正在推进,仍需以科学合理为前提,以公平为导向,加强对相关利益群体的心理分析和引导,从而保证高考改革顺利推进。我认为,未来十年,中国教育最主要的任务之一是促进公平,提高质量,给受教育者公平的机会。

2016 年度总评

　　2016 年是我国"十三五"规划实施的第一年，站在新的历史起点，高等教育发展迈向了新的征程。党和政府引领我国高等教育的发展，召开全国高校思想政治工作会议、推动深化教育教学改革、发布高等教育质量"国家报告"、强调高等教育"四个回归"、加入《华盛顿协议》、实施"一带一路"教育行动计划，在宏观层面积极推进高等教育发展，于细微之处亦动态调整学位授权点、发布《中国学生发展核心素养》，更关注到高校科研资金管理新政、高考招生计划等。这是我国高等教育快速发展的一年，高等教育规模稳步发展，教师结构层次进一步优化，高等教育改革深化，高等教育育人水平提升，开启了高等教育发展的新时代篇章。

专题评论

充分发挥高校创新驱动推动作用①

深入实施创新驱动战略,是广西培育和打造新的经济增长点、加快缩小与发达地区发展差距的迫切需要,是推进供给侧结构性改革、提升经济发展质量和效益、更好引领经济发展新常态的迫切需要,也是补齐发展短板、增强核心竞争力、把握发展主动权的迫切需要。在广西创新驱动发展中,高校作为科技第一生产力和人才第一资源的重要结合点,应在国家和自治区推进创新驱动发展战略中发挥重要的推动作用。

一、加快适应经济转型发展

2015 年 11 月,教育部等部门印发《关于引导部分地方普通本科高校向应用型转变的指导意见》;2016 年,国家"十三五"规划纲要明确提出"推进高等教育分类管理和高等学校综合改革"。高等教育改革与发展已实现由"量"的增加到"质"的提升的战略转变。随着经济发展进入新常态,人才供给与需求关系发生变化,高等教育结构性矛盾更加突出,同质化倾向严重,毕业生就业出现困难,但生产服务一线需要的应用型、技术技能型人才紧缺,人才培养尚不适应经济结构调整和产业升级的要求。同时,国家实施创新驱动发展、中国制造 2025、"一带一路"、创新创业等重大战略,结合广西"双核驱动""三区统筹"战略,迫切需要加快应用技术人才

---

① 该文发表在《广西日报》,2016 年 10 月 20 日。

培养。国家引导部分地方本科高校转型发展,就是要更好地促进地方高校直接面向地方和行业发展需求培养应用型、技术技能型人才,实际上就是强调将办学思路转到服务地方经济社会发展,校企合作、产教融合,培养应用型、技术技能型人才,增强学生就业创业能力四个方面。具体落实到学校,就是要在应用型办学思想、应用型学科专业、双师型师资队伍、应用型人才培养模式等层面突出其"地方性、应用型"。

二、加强校企合作、产教融合

地方高校应坚持优势互补、资源共享、校地互动、合作共赢的原则,努力建设"校企合作、产教融合"的合作办学体制机制,实现校地(企)合作办学、合作育人、合作就业、合作发展。一是建立行业企业参与的治理结构。设立由企事业单位参与的董事会,成员主要来自地方政府、行业、用人单位和其他合作方。构建学校、行业和社会共同支持和监督学院发展的长效机制,强化办学的行业特色。二是搭建校地、校企合作平台。高校要广泛开展产学研合作,搭建产学研合作平台,与企业开展科技研发合作,以市场需求为出发点,设立研究课题,推动实用型科技创新成果的产出。三是搭建校内科技研发平台。高校要统筹利用校内资源,与企业合作建设重点实验室等,提升科研能力。

三、加快创新型人才培养

深化高校创新创业教育改革,是加快实施创新驱动发展战略的迫切需要,是推进高等教育综合改革的突破口。要实现由注重知识传授向注重创新精神、创业意识和创新创业能力培养的转变,由单纯面向有创新创业意愿的学生向全体学生的转变,切实培养学生的创新精神,增强学生的创业意识和创新创业能力。深化高校创新创业教育改革,应抓好几项工作:一是修订人才培养方案,明确创新创业教育目标要求,完善创新创业教育课程体系。二是推进协同育人,推进人才培养与社会需求间的协同,推进校校、校政、校企间的协同,推进学科专业间的协同,建立合作育人培养新机制。三是强化创新创业实践,加强实验教学资源建设和共享,广泛搭建实习实训平台,办好各类创新创业竞赛。四是改革教学管理制度,建立个性化培养教学管理制度。五是提升教师创新创业教育教学能力,坚持全员参加、专兼结合,配齐配强创新创业教育教师队伍。

四、加快创新型成果转化

从广西区位条件、资源优势、产业特点、历史积淀、民生需求等出发,针对地方产业、企业的急需,利用高校的人才聚集优势,针对先进制造业、信息技术、互联网经济、高性能新材料、生态环保、优势特色农业、海洋资源开发利用保护、大健康等产业,合作攻关,抢占创新发展制高点。建立高校、市场、企业利益共享的产学研合作创新模式。围绕重点产业和重点企业,建立一批重点实验室、工程技术研究中心和联合研发中心,促进创新要素集聚集成。提升高校科研成果质量和服务地方能力,强化应用型研究,增强科研应用能力,促进重点合作区域的成果转移转化。近年来,高校人才和科技得到迅猛发展,积累了大量科技创新型成果和人文管理学创新型成果。为此,要在完善知识产权保护机制的前提下,为科技成果寻求转化之路,使科技成果转化成产品,更好为经济建设服务;在高校建立科研成果转化中心,提高科技成果产出率和转化水平。

2017
一流与内涵

2017 年是国家"十三五"规划实施的第二年,也是我们连续举办"高等教育大事年度盘点"学术沙龙的第 12 年。12 年来,坚持对高等教育重大事件进行年度盘点与分析已成为我们研究团队的一项学术传统。纵观 2017 年中国高等教育领域,从深入学习贯彻党的十九大精神到全面开启新时代建设中国特色社会主义高等教育强国新征程,从探索"新工科"建设模式到公布"双一流"建设高校及建设学科名单,从深化人才发展体制机制改革到全面下放高校职称评审权,从深化高等教育"放管服"改革到追授黄大年教授"全国教书育人楷模特别奖",从首次发布《中国本科教育质量报告》到高校师范类专业实行统一认证,从积极推动正规金融机构服务高校到颁布新版《普通高等学校学生管理规定》,反映了 2017 年中国高等教育的改革动态和发展方向。①

2017 年中国高等教育十大事件关键词:

内涵式发展、"双一流"、"新工科"、人才机制、"放管服"、质量报告、专业认证、管理修订、育人楷模、"校园贷"

---

① 本期主持贺祖斌,课题组成员:王金花、周伟、潘杰宁、陈庆文、段明广、谢明明、刘敏、张羽、苏家玉、李欣怡、李响、游晶晶、徐玲玉。

2017

事件 **1**

内涵式发展：

学习党的十九大精神推动
高等教育发展

🕐 事件回顾

2017 年 10 月,中国共产党第十九次全国代表大会胜利召开,确立了习近平新时代中国特色社会主义思想为我们党必须长期坚持的指导思想,提出建设教育强国是中华民族伟大复兴的基础工程,必须把教育事业放在优先位置,深化教育改革,加快教育现代化,办好人民满意的教育。同时强调,加快一流大学和一流学科建设,实现高等教育内涵式发展。全国教育系统迅速掀起了一场规模空前的学习贯彻习近平新时代中国特色社会主义思想和党的十九大精神的热潮,深刻认识高等教育的"新时代"特征,开启建设高等教育强国"新征程",凝神聚力,力争打好高等教育提升质量、促进公平、深化改革三大"攻坚战"。

【来源:《中国教育报》2017 年 12 月 4 日】

👥 集体讨论

谢明明：党的十九大报告为高等教育的发展指明了方向，强调高等教育要努力实现内涵式发展。高等教育"内涵式发展"区别于"内涵发展"，即"内涵发展"强调的是一种状态，而"内涵式发展"侧重于一种模式。

潘杰宁：我国是典型的后发展国家，改革开放后高等教育的不断改革还未取得革命性的突破。党的十九大报告描绘的高等教育发展蓝图，将是一场全局性的革命，引领我们从高等教育大国向高等教育强国迈进。党的十九大报告提出的卓越发展观、规划的格局与蓝图，为高等教育发展指明了方向，让理想照进了现实。

李　响：推动高等教育内涵式发展，是我国建设教育强国的必由之路。预计到 2030 年，中国高等教育将进入普及化阶段，因此，我们迫切需要把目光放到高等教育的质量上，全面提升高等教育的质量。我认为，创新人才培养模式、立足现实问题是提高高等教育质量、走内涵式发展道路的基本步骤。

周　伟：建设高等教育强国、开启中国特色社会主义高等教育强国新征程与国家综合国力的提升有着密切联系。我国当前正处于全面建成小康社会，实现"两个一百年"奋斗目标的攻坚阶段，高等教育的发展也迎来了走出国门、走向世界的机遇期。

🔓 贺祖斌点评

20 世纪 80 年代，"高等教育内涵发展"理念开始出现，主要指"通过挖掘原有公立高等教育系统内部潜力来扩大高等教育的容量"。这一"内涵发展"理念是基于当时高等教育规模过小的背景提出的，而"外延发展"，则主要指通过新建本科院校实现大规模招生。20 世纪 90 年代后，我国高等教育进入大众化阶段，教育规模不断扩大，但无法满足人们日益增长的对优质高等教育的需求。在此背景下，"高等教育内涵发展"的含义转变为"以提高质量为核心，抑制数量与规模"。随着适龄人口总数逐年下降和高等教育的大发展，我国高等教育毛入学率由 2010 年的 26.5% 平稳上升为 2015 年的 40%。到 2020 年，我国高等教育毛入学率有望达到 50%。到 2030 年，我国高等教育将全面进入普及化阶段。

党的十九大报告对高等教育提出了明确要求，强调"加快一流大学和一流学科建设,实现高等教育内涵式发展",进一步推动高等教育进入内涵式发展的新阶段。至此,内涵发展已从一种发展理念转变为一种发展模式。高等教育内涵式发展是全局性的、整体性的,指引着我国高等教育事业的总体发展。要实现高等教育内涵式发展,就必须以提高高等教育质量为核心,以合理控制高等教育规模为前提,以优化高等教育结构为基础,以健全高等教育体制机制为保障,以取得良好的高等教育效益为关键。高等教育内涵式发展是指高等教育质量、结构、规模、制度、效益的协调发展。我们应以习近平新时代中国特色社会主义思想和党的十九大报告精神为引领,通过建设一流学科、培养一流人才、打造一流师资、营造一流文化、提供一流服务的方式,努力实现高等教育内涵式发展。

📖 相关阅读

刘延东:建设高等教育强国,做到"五要"

一要坚持正确方向,着眼"四个服务",深刻把握新时代高等教育的战略定位和历史使命,使高等教育发展同我国发展现实目标和未来方向紧密相连。

二要以全面提高人才培养能力为核心点,坚持立德树人,完善培养模式,实现全员全过程全方位育人。

三要聚焦国家发展需要,优化学科结构,强化科技攻关,加快一流大学和一流学科建设,提升中西部高等教育水平,推进以质量为重点的内涵发展。

四要立足时代、面向未来,弘扬社会主义核心价值观,建设师德高尚、业务精湛的教师队伍,培育优良校风学风。

五要加强党的领导,保证高校始终成为培养社会主义事业建设者和接班人的坚强阵地。

——摘自:《光明日报》2017年12月23日

2017

事件**2**

"双一流"：
建设高校及建设学科名单公布

事件回顾

　　2017 年 9 月，教育部、财政部、国家发展改革委印发了《关于公布世界一流大学和一流学科建设高校及建设学科名单的通知》，公布了世界一流大学和一流学科（简称"双一流"）建设高校及建设学科名单。根据名单，此次入选的一流大学建设高校共 42 所，分为 A 类和 B 类。其中 A 类共 36 所，包括北京大学、清华大学、北京航空航天大学、西安交通大学、国防科技大学等。B 类共 6 所，分别为东北大学、湖南大学、西北农林科技大学、云南大学、郑州大学、新疆大学。一流学科建设高校共 95 所，包括北京交通大学、天津工业大学、河北工业大学、内蒙古大学、东北师范大学等高校。

【来源：教育部网站 2017 年 9 月 21 日】

集体讨论

徐玲玉:"双一流"建设有利于形成一批优质高校和优质学科,但是"双一流"建设倾向于建设一流大学和一流学科,这样也会使部分高校的地位弱化,容易造成我国高校的两极分化,使质量高的学校越来越好,而本来就发展不完善的学校受关注度更低。

周 伟:一流大学和一流学科建设是要集中优势力量发展优势学科、特色学科,我认为每五年一次评选以及把一流大学分为两类体现出了"双一流"评选的"灵动性"。"985""211"高校之外的其他高校有了提升的希望与可能性,同时也会产生反作用力,促使其壮大优势学科、特色学科,削弱普通本科高校办学的同质化。

段明广:"双一流"建设,是为进一步提高我国高等教育的办学水平、使我国高校向世界一流大学迈进而实施的一项高校建设工程。我认为在"双一流"评选过程中应该突出类别和区域的不同,"双一流"应该是"大众化的一流",而不是"精英化的一流"。

谢明明:我赞成明广师兄的观点,在我看来,"大众化的一流"可以理解为一种"一流理念",名单之外的高校也可以"差别化"地建设一流大学和一流学科。虽然"双一流"建设高校和建设学科的评选是动态的、周期性的,但是建设名单之外的高校是占绝大多数的。大多数高校在办学过程中应秉承"一流理念",只有这样才能在建设高等教育强国的新征程中找准自己的定位。

潘杰宁:拿到"双一流"建设"录取通知书"的高校,肩负着建设高等教育强国的历史使命,建设的逻辑要服从高等教育的生成逻辑,破除项目建设偏好,从目标治理转向规则治理,重视高等教育规律,真正实现内涵、品质及智力水平的一流。

陈庆文:我认为"双一流"建设是我国促进高等学校内涵式发展的一项重大举措。"双一流"建设与"985 工程""211 工程"相比,不同的一点就是要"突出以一流学科建设带动一流学校建设",而"985 工程""211 工程"则注重学校的整体发展。学科是开展人才培养和服务社会等活动的基础,也是高校内涵式发展的落脚点。

🔓 贺祖斌点评

2017 年是高等教育领域发生重大变革的一年，"双一流"建设高校及建设学科名单的公布意味着建设世界一流大学和一流学科正式启动。坚持以"中国特色""世界一流"为核心，以立德树人为根本，以支撑创新驱动发展战略、服务经济社会发展为导向，加快建成一批世界一流大学和一流学科，有利于提升我国高等教育的竞争力，使我国在建设教育强国的道路上不断前进。前不久，我在接受《中国社会科学报》专访时指出，地方大学首先要明确一个概念，"双一流"中的"一流"，强调的是"争创一流"的发展理念，既是一种水平，又是一种精神追求。任何高校都可追求自己同类型、同层次的一流大学和一流学科，对地方高校而言，更强调一流的品质、一流的精神。党的十九大报告提出，中国特色社会主义进入新时代，我国社会的主要矛盾已经转化为人民日益增长的美好生活需要和不平衡不充分的发展之间的矛盾。推进高水平大学建设，满足人民日益增长的教育需求，办好人民满意的教育，成为高校发展的重要目标。

"双一流"建设为推进高水平大学建设提供了重大历史机遇，追求符合高校办学实际的一流大学和一流学科，不再片面追求大规模，而是根植于建设一流质量的大学和学科。我们要注意到，"双一流"建设高校及建设学科名单之外的地方高校占绝大多数，这些高校应秉持"一流理念"，结合区域经济社会发展需要，大力推动有特色的高水平大学和优势学科建设，积极探索不同类型高校的一流建设之路，推动"双一流"建设引领下的高等教育整体质量提升。正如哈佛大学教授哈瑞·刘易斯所说，没有一流本科的"一流大学"是失去了灵魂的卓越，没有一流本科的"一流学科"是忘记了根本的"一流"。

2017

事件 **3**

"新工科"：
高等工程教育建设与发展新征程

🕐 事件回顾

2017 年 4 月,教育部在天津大学召开新工科建设研讨会,60 余所高校共商发展大计,提出"新工科"建设目标:到 2020 年,探索形成新工科建设模式,主动适应新技术、新产业、新经济发展;到 2030 年,形成中国特色、世界一流工程教育体系,有力支撑国家创新发展;到 2050 年,形成领跑全球工程教育的中国模式,建成工程教育强国,成为世界工程创新中心和人才高地,为实现中华民族伟大复兴的中国梦奠定坚实基础。

【来源:教育部网站 2017 年 4 月 12 日】

👥 集体讨论

苏家玉:"新工科"建设成为我国工程教育发展的新方向,特点突出在"新"上。"新"首先是学科结构的创新,需要建立更加合理的学科体系,优化学科结构;"新"同时也是人才培养模式的创新,在"立德树人"的人才培养理念指导下,需要把培养未来全面发展的工程人才放在工科建设的战略性位置,更加注重培养工程人才的责任意识、服务意识和道德意识。

陈庆文：刚刚苏家玉的观点中提到"新工科"教育要创新人才培养模式，我认为"新工科"人才培养要打破三个壁垒：一是要打破学科之间的壁垒，培养多学科综合型人才；二是要打破高校与企业之间的壁垒，培养应用实践能力强的人才；三是要打破高校与社会之间的壁垒，培养适合社会快速发展需求的人才。

李　响：国家工科教育的发展影响着我国科学技术与产业的发展，工科教育的建设与创新可谓至关重要。工科教育要将行业的现实情况和发展需求放在首位，将工科学校教育与实际相结合，让工科学生用实践检验真理，引领科技创新。

段明广："新工科"建设是产业革命进程中引领科技创新的重要推动力，我认为高校开展"新工科"建设，引领科技创新，要优化教学内容，改革人才培养方式。

刘　敏：面对全世界范围内新兴科技的迅速崛起、产品更新换代的加速，我认为，工程教育既要培养有中国传统工匠精神的工程人才，同时又要注重人才的多元化发展与创新能力的培养。"新工科"的提出，是我国工程教育与国际并轨的体现，也是我国经济产业转型升级的体现。

李欣怡："新工科"教育要求创新人才培养方式，使高校培养的人才更加适应经济社会发展需求。开展"新工科"教育，是基于今天的中国高等教育已站在"由大变强"的新的历史起点上的现实提出来的。强调高等教育内涵式发展，不仅要求工科教育领域进行变革，也要求高等教育其他领域有所作为。

游晶晶：面向未来30年的技术飞跃，我认为"新工科"教育更重要的是树立一种不断更新的教育思想观念。"新工科"随着科技的进步将要面临一轮又一轮的技术革命，只有做到思想观念的不断更新、思维方式的不断创新，才能引领时代，建成工程教育强国。

🔓 贺祖斌点评

2016年6月，我国成为《华盛顿协议》的正式成员，标志着我国的工程教育质量得到了国际社会的认可。2017年，从"复旦共识""天大行动"到"北京指南"，我国"新工科"建设三部曲基本建立。"新工科"的概念是前两年提出来的，是我国产业升级转型发展的产物，较之前的"工科"内涵有所变化，它强调高等教育在服务地方经济社会建设中应注重工科的发展。过去工科的发展更多强调一种理论性的知识，应用性的知识相对来讲少一些，而"新工科"更强调应用性和服务性。

"新工科"建设不是一种概念的翻新，而是一种内涵的改变。一方面，要求人才培养机制的创新，强调多主体协同培养人才。当前的"校企合作"和"协同培养"

采取的仍然是浅层次的、单一的模式,缺乏长效机制,没有真正达到"协同"应有的效果。建立一种责任明确的、多主体协同的人才培养机制,打破人才培养由高校"包揽"的格局,强化企业在人才培养中的社会责任,推进"校企合作"的深入发展,是新型工程人才培养的必然趋势。另一方面,在课程体系上突出动态性。"新工科"必须突破人才培养的现有模式,改变偏重知识取向的课程设置现状,聚焦创新精神和实践能力培养,促进专业教育与创新教育的有机融合。在课程的设置方面,建立高校与企业共同开发课程的机制,构建突出实践能力的应用型课程体系。在课程的实施和管理方面,利用社会、企业等各方面的资源搭建更为广阔的教学实践平台,打破学科专业之间的限制,建立具有较强融合性的课程体系。

我认为,"新工科"建设影响着高校向社会输出人才的类型、数量及质量,既是社会经济发展对人才市场需求的体现,又是高等教育主动适应新时代经济社会发展的表现。

相关阅读

"新工科"建设行动路线("天大行动")(节选)

2017年4月8日,教育部在天津大学召开新工科建设研讨会,60余所高校共商新工科建设的愿景与行动。

1.探索建立工科发展新范式。

2.问产业需求建专业,构建工科专业新结构。

3.问技术发展改内容,更新工程人才知识体系。

4.问学生志趣变方法,创新工程教育方式与手段。

5.问学校主体推改革,探索新工科自主发展、自我激励机制。

6.问内外资源创条件,打造工程教育开放融合新生态。

7.问国际前沿立标准,增强工程教育国际竞争力。

——摘自《高等工程教育研究》2017年第2期

2017

事件**4**

人才机制：

促进高层次人才合理流动

🕓 事件回顾

2017 年 1 月，《教育部办公厅关于坚持正确导向促进高校高层次人才合理有序流动的通知》(以下简称《通知》)发布。《通知》指出，"高校之间不得片面依赖高薪酬高待遇竞价抢挖人才，不得简单以'学术头衔''人才头衔'确定薪酬待遇、配置学术资源"，不鼓励东部高校从中西部、东北地区高校引进人才，加大对西部、东北地区高校高层次人才发展倾斜力度。

【来源：教育部网站 2017 年 1 月 25 日】

👥 集体讨论

张　羽：《通知》指出，"不鼓励东部高校从中西部、东北地区高校引进人才"，这有利于缓解欠发达地区人才流失的问题，但也存在着一些不公平的隐患。我认为，人都有选择自己未来工作生活环境的权利，而这样的政策导向是否会减少部分高层次人才在东部就业的机会，是否会间接剥夺人自由选择的权利，值得深思。

　　王金花：教育公平，其中包括教育资源配置的公平，支持同一区域高校之间合理的人才竞争和欠发达地区向发达地区引进教师，不支持发达地区向欠发达地区抢夺优秀教师，唯有维持好地区间教师队伍质量的平衡，才能促进高等教育区域发展的平衡。

　　周　伟：从 20 世纪八九十年代开始，中西部高校人才就被吸引到东部发达地区，这种现象一直延续到"双一流"建设过程中高校抢挖人才。高校抢挖人才，其主要原因在于部分高校人才没能得到应有的薪酬待遇以及良好的科学研究平台。除此之外，"匠人"精神也是高校高层次人才所必需的。高校的主要任务是进行科学研究、培养高质量人才，高校人才不应只以薪酬待遇作为择业的衡量标准。

　　李欣怡：《通知》要求高校间不得片面依靠高薪挖人，这对恶性的人才竞争是有一定抑制作用的，但这还需要高校付出努力，除认识到问题所在，相互约束，构建有利于人才合理流动的体制机制外，还可以通过"以老带新"、交流培训等形式，加大师资队伍的培养力度。

　　苏家玉："双一流"建设最重要的因素是"人"，关键在于一流师资队伍的建设。各校为了实现"双一流"目标，都瞄准了提升师资力量的捷径，即大规模引进高层次人才。需求大于供给，自然引发竞价行为。"双一流"建设不是一蹴而就的，而应是高校根据自身实际，挖掘自身学科潜力，寻找自身定位的过程。高层次人才的引进也应是"好钢用在刀刃上"，盲目跟风应该被禁止。

🔓 贺祖斌点评

　　人才是实现民族振兴、赢得国际竞争主动权的战略资源。高水平大学核心竞争力在于高层次人才队伍的数量与质量，这是建设高水平大学的关键所在。纵观国内外高水平大学，无不拥有一批高层次人才。当今社会，知识不断创新，科技迅猛发展，世界各国综合国力的竞争，其核心在于人才的竞争。高校只有打造出自身的高层次人才队伍，才能在人才培养、科学研究、社会服务等方面拥有话语权。中西部高校人才向东部发达地区流动并非一朝一夕，从 20 世纪八九十年代起，高校人才流动就开始了，我认为高校人才流动是在特定的历史背景下难以避免的现象。我曾经在《南方周末》上发表文章，认为在"双一流"大学建设背景下，各大学在师资队伍建设方面，十分重视，出台系列政策，投入大量资金引进和培养人才。但一些现象的出现不容忽视：一方面，现有的高层次人才引进，以获得博士学位、入选

"杰出青年""千人计划"的人才为主,混淆"高学历人才"和"高水平人才"的概念,缺乏明确的分类和标准,缺乏个性化遴选条件,造成优势学科与弱势学科之间发展不平衡;另一方面,一些地方大学过度偏重学历、职称、学术成果,或重学历轻能力,或迷信名牌大学,对道德、人文素质、心理、发展潜质、学科忠诚度等方面的考核不足,对成果的评价指标化、数量化,特别是 SCI 泛化,用简单、量化的标准作为评价标准,对教师的个性尊重不够,不符合大学多样化的需求。另外,一些大学缺乏明确的目标和整体规划,迫于博士、硕士学位点的申报,以及学科建设、教学评估等阶段性任务的压力,对学科需求、师资结构等方面缺乏深入分析和论证,导致盲目引进人才,没有充分发挥其作用。同时,东西部地区发展的不平衡,导致大学之间人才无序竞争。中西部地区、东北地区高校面对人才竞争,不得不出台各种措施保护本土人才,避免本土人才流失。

相关阅读

教育部办公厅关于坚持正确导向促进高校高层次人才合理有序流动的通知(节选)

1.切实加强学校党委对人才工作的领导。认真落实党管人才原则,根据办学定位、发展目标,制定切合实际的人才发展规划,统筹处理好培养和引进、当前和长远、国家需要和学校发展之间的关系。

2.坚持正确的人才流动导向。高校高层次人才流动要服从服务于立德树人根本任务和高等教育改革发展稳定大局,服从服务于国家重大发展战略。

3.科学合理统筹人才薪酬待遇。坚持激励约束并重、精神物质激励结合,建立与岗位职责要求相统一的收入分配激励机制。

4.认真落实规范管理要求。人才引进须加强审核论证,切实把好人才的政治关、学术关、师德师风关。

5.加强团结教育和引领服务。强化政治引领和政治吸纳,引导高层次人才牢固树立社会主义核心价值观,正确认识义和利、群和己、成和败、得和失。

6.推进高校自律约束机制建设。充分发挥专业组织作用,建立人才信息平台,通过信息公开加强公众监督。提倡高校间约定同一地区人才薪酬最高限额,合理引导高层次人才薪酬待遇。

——摘自:教育部网站 2017 年 1 月 25 日

事件**5**

"放管服"：
高校下放职称评审权改革

🕐 事件回顾

2017 年 7 月,教育部办公厅印发《教育部人才工作领导小组 2017 年工作要点》,要求向用人主体放权,将高校教师职称评审权直接下放至高校。另据 2017 年 4 月发布的《教育部等五部门关于深化高等教育领域简政放权放管结合优化服务改革的若干意见》,高校要将师德表现作为评聘的首要条件,提高教学业绩在评聘中的比重,建立分类评价标准,完善同行专家评价机制,建立以"代表性成果"和实际贡献为主要内容的评价方式。

【来源：教育部网站 2017 年 9 月 21 日】

👥 集体讨论

李欣怡：回顾西方大学史,如何协调政府与大学的关系是不可回避,也是难以处理的问题。控制与反控制、干预与自治,反反复复,没有定论。但是西方成功的办学经验告诉我们,给予大学办学自主权,尊重其自治的权利是取得成功的前提。因此,深化高等教育"放管服"改革政策的出台不仅符合大学自身的发展规律,而且还能激发大学的活力,促进大学教学、科研水平的提升,从而更好地为社会服务。

陈庆文:深化高等教育"放管服"改革,就是要理顺高校外部管理和内部管理的关系,下放高校教师职称评审权,促进"管人"和"用人"的统一,把人才聘用、人才考核和人才培养联系起来,完善高校人才队伍建设与发展机制。

潘杰宁:我认为,在深化高等教育改革基础上,明确高校主体责任是实现"放管服"的前提条件。因此,教师职称评审权下放,是政策的松绑,高校能否顺利接过职称评审权、用好职称评审权,关键还得看高校是否具有履行主体责任的理念与意志。

谢明明:高校自主评审职称,公开透明与公正合理是关键点。职称评审团队要专业,避免行政权力对评审过程和结果的干预。同时,由于各校的具体情况不同,职称评审的规范须与之契合,其中会出现校际差异,但这种差异应该控制在合理范围之内。

徐玲玉:关于教师职称评审权下放至高校,我认为要严格保证评审标准的有效性。评审标准由高校自定,会产生评审标准过低或过高的风险,而且也会成为少数学术不端行为产生的温床。评审标准应根据广大教师的学术水平而制定,符合大多数教师的实际情况,这样才能激发教师的工作热情,做到人尽其才。

王金花:教师,教书育人者也。就目前而言,对教师职称的评定有教学和科研这两个很重要的因素,师德显得苍白而无力。在我看来,将师德表现作为评聘的首要条件充分体现了教育部对高校教师"身正为范"的重视。我十分期待能有更为具体的师德评价细则出现。

🔓 贺祖斌点评

"放管服"是"简政放权、放管结合、优化服务"的简称。"放管服"改革不仅是营造一种宽松的改革环境,而且是一种管理体制改革,强调教育行政部门的服务意识和大学的自治权利意识。"放管服"改革不断被提出,但教育行政部门对高校自主权下放不彻底、管理太严和服务意识不够等现象长期存在。下放教师职称评审权作为"放管服"改革中的重要内容,使高校彻底获得职称评审权,这经历了漫长的历程。追根溯源,主要是因为长期以来,我国公立高校的教师职称评审受到计划经济体制与单位制的深刻影响,被视为教育行政审批的事项,致使公立高校人事自主权受到了严重束缚。近年来,伴随着行政审批制度改革的深化以及高等教育领域"放管服"改革的逐步推进,部分省份开始取消对高校教师职称评审事项的行政审批。2017 年 4 月,教育部、中央编办、发展改革委、财政部、人力资源社会保障部联合发布了《教育部等五部门关于深化高等教育领域简政放权放管结合优化服务改革的若干意见》,进一步推进"放管服"改革,再次扩大学校办学自主权,将高校教师职称评审权直接下放至高校。从 2018 年开始,职称改革与评审权全部下放到各个高校,各高校可以根据自己的情况来进行评审。至此,对公立高校教师职称评审的行政规制,从教育行政部门"审批式管理"进入到"监管式治理"的新阶段。此外,职称评审改革只是权力下放的一部分,教育行政部门还将对高校学科专业设置、编制及岗位管理制度、进人用人环境、薪酬分配制度、经费使用管理等多方面进行权力的下放,给予大学办学自主权。这就要求高校需要进一步加强自律行为,避免"一抓就死,一放就乱"现象出现。

相关阅读
让高校沿自主轨道奔向"双一流"

在高等教育领域内,很少有关键词能比"办学自主权"这几个字更有分量,更受关注。自从 20 世纪 80 年代一些大学校长提出这个问题以来,讨论就从未歇止。1998 年通过的高等教育法对此做出了界定,但之后近 20 年间,在实践层面如何为高校松绑减负、简除烦苛,真正赋予学校更大办学自主权,始终是高等教育改革发展中令人纠结的问题。《教育部等五部门关于深化高等教育领域简政放权放管结合优化服务改革的若干意见》的印发,为进一步扩展高校办学自主权打开了改革通道,确定了基本框架,对我国高等教育发展将产生深远影响,有助于大学进一步回归学术属性,遵从教育规律来设定长远的发展目标。让每一所高校无论规模大小都可以轻装上阵,根据自身优势确定办学方向,办出自己的特色,进而激发每一个细胞的创新原动力。

——摘自:《人民日报》2017 年 4 月 14 日

2017

事件 **6**

质量报告：

高等教育改革发展重要参照系

⏱ 事件回顾

2017 年 10 月,教育部高等教育教学评估中心授权人民网正式发布新版中国高等教育系列质量报告,这是继 2016 年首次发布以来,我国第二次发布高等教育系列质量报告。系列质量报告包括《中国本科教育质量报告》《中国工程教育质量报告》《中国新建本科院校质量报告》《中国民办本科教育质量报告》共 4 个专题报告,对高等教育进行了全景式的扫描与诊断,为高等教育改革与发展提供了重要的参照系。其中,《中国本科教育质量报告》和《中国民办本科教育质量报告》均为首次发布。这些报告显示:中国本科教育"体量"世界最大,质量稳步提升;工程教育主动"转型升级",跻身世界舞台;新建本科院校在转向"应用型大学"的道路上行进;民办本科教育成为我国高等教育的重要组成部分。

【来源:人民网 2017 年 10 月 16 日】

👥 集体讨论

谢明明：从仅以质量论高低的简单评价到注重质量保障机制建设，是我国高等教育质量评估的重大转变。对教育质量的全方位分析，成为高校深化改革的重要依据。高等教育质量始终存在着内在和外在两重标准，高校既要不断推进学科内部建设，满足内在学术标准，同时也要体现服务社会的职能，满足外在服务标准。

王金花：高等教育质量问题一直是社会密切关注的热点问题。"报告"以专题形式论述，论点与论据的结合强而有力地指出了不同类型高等教育取得的进展和存在的不足，用事实回答了我国高等教育质量问题。

张　羽：我认为办好本科教育是衡量我国普通高校本科教学水平的决定性因素，建设世界一流大学，首要的任务是建设一流本科教育。

李　响：分析《中国本科教育质量报告》，我认为本科教育的质量问题主要体现在教师教学上，许多教师讲课只是"念"课件，缺少互动与讲解，不把教学作为首要任务，只是一味地做研究或者行政工作，缺乏责任心。

潘杰宁：分析《中国新建本科院校质量报告》的相关数据，我们可以认为新建本科院校一方面坚守着"地方性、应用型"的办学使命，另一方面也在发展中不断地完成"自适应"过程。

周　伟：分析《中国民办本科教育质量报告》，我认为生源质量制约了当前民办高等教育的发展，当前民办高校的办学层次以及社会地位无法保证民办高等教育的生源质量。在新形势下，社会力量兴办民办高等教育是必然的，民办高校的发展应另辟蹊径，可以尝试走"小而精"的路线。

🔓 贺祖斌点评

高等教育质量问题是常论常新的问题。在这次发布的4份质量报告中，《中国本科教育质量报告》和《中国民办本科教育质量报告》均为首次发布。而我有幸参与了《中国新建本科院校质量报告》和《中国民办本科教育质量报告》的撰写工作。在撰写过程中，我深切感受到我国在促进高等教育大众化、多样化的道路上做出的不懈努力。在新的时代背景下，新建本科院校在向应用型大学转型的过程中阶段性地满足了国家经济社会发展的需要，是承载高等教育大众化的中坚力量。民办本科教育最初仅是公立高等教育的有益补充,到如今已成为我国高等教育的重要组成部分,虽然其内部还存在很多亟待解决的发展问题,但是这也有力地证明了我国高等教育生态系统逐渐趋于合理化。我在《高等教育生态论》一书中曾提出,"多样性导致稳定性"这一生态学原理为高等教育的发展提供了广阔的思维空间,高等教育大众化的发展使高等教育逐渐出现多样性发展态势,同时也使高等教育系统更加趋于稳定和平衡。

　　哈佛大学前校长科南特曾说:"大学的荣誉,不在于它的校舍和人数,而在于它一代又一代人的质量。"高等教育质量问题的核心应该是人才培养的质量问题,而人才培养的关键在于教学质量的全面提升,这就需要高校树立合理的、先进的大学教育理念。今日之大学已经成为知识生产的重要场域,大学理念不断更新,4份质量报告的发布实际上也在探讨新的大学理念方面做出了贡献。与此同时,先进的教育理念离不开良好的制度保障,突破传统体制瓶颈,建立现代大学制度是高等教育质量提升的重要途径。此外,大学质量的保障与监督不仅要依靠外在的评判标准,更要重视高校内部质量保障体系的建设。在大学内部建设具有特色的、有效运行的内部保障体系已经成为大学管理者不容忽视的重要任务之一。这4份质量报告一方面反映了我国高等教育的蓬勃发展和取得的累累硕果,另一方面也突显了我国高等教育发展中的诸多问题。我认为,在理论上探索我国高等教育的质量问题固然重要,但更应做到的是在实践中形成合理有效的管理机制。

2017

事件7

专业认证：
建立师范院校质量国家标准

⏱ 事件回顾

　　2017年10月，为贯彻落实党的十九大精神，培养高素质教师队伍，按照国家教育事业发展"十三五"规划工作要求，推进教师教育质量保障体系建设，提高师范类专业人才培养质量，教育部决定开展普通高等学校师范类专业认证工作，并印发了《普通高等学校师范类专业认证实施办法(暂行)》。以习近平新时代中国特色社会主义思想为指导，建立师范类专业认证制度、健全教师教育质量保障体系，是推动教师教育综合改革"牵一发而动全身"的突破口和着力点，是从源头上建设高素质教师队伍的一项重要举措。

【来源：教育部网站2017年10月26日】

👥 集体讨论

　　张　　羽：就当前而言，非师范类专业毕业生，只要取得教师资格证也可以到中小学任教，这在我国中小学教师队伍短缺的情况下具有积极的意义。但在这种机制下,师范生的优势难以体现。实行师范类专业统一认证就是要把"认证"和"培养"相结合,突出教师培养的"标准性"和"过程性"。

周　伟:通过相应等级认证的高校师范类专业,其在毕业生的教师资格认定上会有相应的自主权,这一自主权体现在高校认定教师资格证是根据师范生在校学习期间的表现而做出的决定。我认为,相比之前的教师资格认定形式,这无疑会提高师范生的培养质量,在形式上是进步的,但是在内容上要确保普通高等学校师范生在学习阶段所完成的学习任务是完全适应今后的教师专业发展的。

李欣怡:教学质量国家标准的制定不仅在新中国高等教育史上是首次,而且还对人才培养目标、规格标准、课程设置、师资队伍等提出了底线要求,这就促使高校纷纷重视并在该标准的指引下改进教学,加强师资队伍建设,以及提升教师教学能力,最终带来人才培养质量的提升。

刘　敏:师范院校应该立足实际,深度挖掘优势学科潜力,着眼"精而专"的发展模式。盲目跟风只会造成教学资源的分散,最终导致学科优势的缺乏。教学质量国家标准的研制同时为师范类专业提供了把握发展方向的尺度。在现实中,优秀基层小学教师的严重缺失和本科师范生质量的下降,深刻体现出当下师范教育体系的不合理。

陈庆文:教学质量国家标准的研制主要是为了便于教育行政部门规范、监管高校办学,引导高校推进改革,提高办学质量。这样有利于提高师范类专业的整体水平。但是我们必须意识到,即使同一专业,也有不同的类型,有不同的层次,有不同的价值,如果用同一标准来评价不同学校的专业,容易使专业走向同质化。

🔓 贺祖斌点评

我国高校专业认证最早出现在 2006 年,从工程教育专业认证开始逐步实施。工程教育专业认证是国际通行的工程教育质量保障制度,也是实现工程教育国际互认和工程师资格国际互认的重要基础。2016 年,我国正式加入国际本科工程学位互认协议——《华盛顿协议》。无论是师范类专业实行统一认证,还是推行本科专业类教学质量国家标准,其宗旨都是为了规范办学行为,提高专业办学质量。长期以来,师范院校一直希望建成综合性大学,并且在办学资源以及发展空间的双重挤压下不断弱化师范性,师范类专业的办学水平提升有限,服务基层教育的能力不足。我并不赞成师范院校更名,师范院校更应强调"教师教育"特色。综合性大学所办的师范类专业也存在着弱化师范性的问题。普通高等学校师范类专业实行统一认证，突出了师范类专业的"教师教育"特色，将教师教育贯穿师范生培养的全过程，提高师范类专业的办学质量。

《普通高等学校本科专业类教学质量国家标准》的出台，将有利于建立一个评价本科专业类教学质量的基本标准。它制定的意义在于：一是明确了各个专业建设的基本要求，也就是底线要求；二是对其中人才培养的目标、规格、标准，课程设置，师资队伍，实践教学能力等都有明确的规定，为学校开展专业建设、组织专业评估、推进专业教学改革提供了重要的参考依据。此外，我们要认识到《普通高等学校本科专业类教学质量国家标准》只提出了基本的要求，而不同的学校、不同的专业有很大的差异性，各地高校也可以在这个"国家标准"的基础上提出人才培养方案，推进教学改革，提高专业教学质量。

相关阅读

师范类专业实行三级监测认证

第一级定位于师范类专业办学基本要求监测。依托教师教育质量监测平台，建立基于大数据的师范类专业办学监测机制，对各地各校师范类专业办学基本状况实施动态监测，为学校出具年度监测诊断报告，为教育行政主管部门提供监管依据，为社会提供质量信息服务。

第二级定位于师范类专业教学质量合格标准认证。以教师专业标准和教师教育课程标准为引领，推动教师教育内涵式发展，强化教师教学责任和课程目标达成，建立持续改进机制，保证师范类专业教学质量达到国家合格标准要求。

第三级定位于师范类专业教学质量卓越标准认证。建立健全基于产出的人才培养体系和运行有效的质量持续改进机制，以赶超教师教育国际先进水平为目标，以评促强，追求卓越，打造一流质量标杆，提升教师教育的国际影响力和竞争力。

第二、三级认证实行自愿申请。有三届以上毕业生的普通高等学校师范类专业申请参加第二级认证；有六届以上毕业生并通过第二级认证的普通高等学校师范类专业，申请参加第三级认证。个别办学历史长、社会认可度高的师范类专业可直接申请参加第三级认证。

——摘自：教育部网站 2017 年 10 月 26 日

2017

事件 **8**

管理修订：

促进学生管理科学化、规范化

🕐 事件回顾

2017 年 9 月，各大高校将正式实施新修订的《普通高等学校学生管理规定》（教育部令第 41 号，以下简称《规定》）。该《规定》是指导和规范高校实施学生管理的重要规章，涉及学生的权利与义务、学籍管理、校园秩序与课外活动、奖励与处分、学生申诉等诸多方面，此次修订将对 3000 多万在校大学生的学习和生活产生重要影响。

【来源：教育部网站 2017 年 2 月 16 日】

👥 集体讨论

游晶晶：我关注的是《规定》中鼓励学生创新创业的部分，这部分为学生的创新创业提供了制度支持。弹性的学制、灵活多样的学习方式、简化的休学程序、创新的学分算法等都体现出高校管理中的人性化特征，给予学生更多的选择空间，更加贴近时代，符合学生的切身需要。

张　羽：对学生创新创业管理的规定中，明确了学生可以休学进行创新创业。虽然这对以学生为本的高校学生管理工作改革具有里程碑的意义,但是具体能发挥多大的作用,还要看具体办法的制定和落实情况。如何利用审核审批的制度和要求,积极合理地引导学生创新创业,对学生负责,是每个学校应该思考的问题。

刘　　敏:我关注的是《规定》中对学生"不诚信"行为的处置。近来频频出现高校学生考试作弊、替考、抄袭、买卖论文、伪造研究成果等现象,《规定》明确提出可给予学生开除学籍的处分,严厉打击学术不端行为,净化高校学术环境,引导学生做一个有学术诚信、有道德的人。

苏家玉:我认为目前高校有关学生的申诉机制比较滞后,甚至缺失。学生权利的主要实施机构——学生会,逐渐变为学校管理的附属机构,不能起到为学生群体争取相关权利的作用。在以学生为本的教育理念指导下,学生管理工作应该弱化"管",多些对话与协商。

段明广:在我看来,《规定》的颁布加深了大学生对自身角色的认识,也纠正了高校管理者在管理过程中出现的偏差。办好中国高等教育,培养中国特色社会主义的建设者和接班人,要求当代大学生明确自身权利、义务和责任,加深对自身角色的认识,同时也要求高校对学生的管理更加和谐、更加人性化。

🔓 贺祖斌点评

《规定》关乎每位在读大学生,修订内容主要涉及五个方面:一是进一步强调坚持社会主义办学方向;二是落实高等教育综合改革新要求;三是贯彻以学生全面发展为本的理念;四是着重规范高校学籍管理行为,为高校依法治校提供更为具体的依据;五是推动高校转变管理理念,树立服务学生意识,处理好管理与服务的关系,营造良好环境,促进学生自觉履行义务、实现自我管理,促使学校管理更加科学化、人性化。

首先,《规定》更加突出以学生为中心、全面服务学生成长成才的理念,彰显学生的主人翁地位;其次,《规定》更强调尊重学生的主体地位,学生不仅是高校管理的对象,而且应当成为学校管理的参与者,要激发和培养学生自我管理的意识和能力。如,将创业、论文、专利、网络学习都计入学分,可以开除学术失信学生的学籍,使跨校选课成为可能,让中断学业的学生不必"从头再来",使入学复查更规范、转学转专业的规定更灵活等,这些措施都充分体现了大学生的主人翁地位。总之,《规定》在鼓励创新创业、依法治校、规范办学等方面充分体现了新理念、新思想,更有利于高校对学生的管理和服务。我比较关心的是这些新措施在高校是否可以落地。特别是在专业选择上,目前仍然是以分数论英雄,很少根据学生的兴趣、爱好、特长等给学生选择的空间。因此,要真正做到"以学生为本",更好地服务于大学生成长成才,在实践中和制度安排上还有很多工作要做。

相关阅读

《普通高等学校学生管理规定》五大特点

1. 突出高校立德树人根本要求。
2. 为学生创新创业提供制度支持。
3. 更加注重保护学生权益。
4. 促进学生自我管理。
5. 推进高校依法治校。

——摘自:教育部网站 2017 年 2 月 16 日

事件 **9**

育人楷模：
学习全国教书育人黄大年事迹

🕐 事件回顾

　　2017 年 9 月，教育部公布了 2017 年全国教书育人楷模名单，追授吉林大学教授黄大年"全国教书育人楷模特别奖"。黄大年同志作为著名地球物理学家，对党、对祖国无限热爱，矢志不渝实践科技报国理想，把毕生精力奉献给祖国的教育科研事业，是"两学一做"学习教育活动中涌现出的先进典型，是新时期归国留学人员心系祖国、报效人民的杰出楷模，是广大知识分子把爱国之情、报国之志自觉融入中华民族伟大复兴宏伟事业的优秀代表。

【来源：教育部网站 2017 年 9 月 1 日】

👥 集体讨论

　　李　　响：近来，高校教师道德失范问题屡见不鲜，高等教育和谐发展面临着严峻考验。追授黄大年教授"全国教书育人楷模特别奖"，为全国教师树立了先进典型，激励教师不忘初心，把教书育人放在首位，牢记教师的职责，不断提升职业素养。

苏家玉：师德是教师立足于社会的根本考量。我国现已在制度层面上将师德作为教师考核、聘任、职称评审、评奖评优的首要标准，并且实施师德考核档案制度。而在实践中，教师应该把师德作为自己的人生标准。

游晶晶：黄大年教授的赤子之心、大鹏之志和实际行动深深感动了每一位奋斗在一线的教育工作者，他对科研的那份纯粹与热忱正是当前高校教师队伍迫切需要的。虽斯人已逝，但"黄大年精神"已经成为高校教师心目中的一个标杆。学习"黄大年精神"，创建更多的黄大年式教师团队是各大高校共同的追求。

陈庆文："办学以教师为本"，教师队伍建设是高等教育内涵式发展的核心内容，不管是研究型大学、应用型大学，还是高职高专院校，都需要有一批有理想信念、有道德情操、有扎实知识、有仁爱之心的"四有"教师作为"动力源"。

王金花："教师无小节，处处是楷模。"黄大年教授是全国教师学习的榜样，同时，也给当下大学生以"春风化雨"般的影响，他于无声中向学生传达了爱岗敬业和严谨治学的精神。

🔓 贺祖斌点评

我国著名地球物理学家黄大年教授首次开展我国快速移动平台探测技术装备研发，攻克技术瓶颈，突破国外技术封锁，他是践行社会主义核心价值观的优秀知识分子，是新时代归国留学人员科技报国的楷模。2017 年 1 月，黄大年教授因病逝世。2017 年 9 月，教育部追授黄大年"全国教书育人楷模特别奖"。习近平总书记对学习宣传黄大年先进事迹做出了重要指示，全国高校掀起了学习黄大年先进事迹的热潮。我们应该学习黄大年什么样的精神？学习他心有大我、至诚报国的优秀品格，学习他忘我拼搏、鞠躬尽瘁的先进事迹，学习他将个人价值的实现与追求"中国梦"的努力紧密联系在一起的奋斗精神。他是新时代知识分子的优秀代表，是一位干实事的高级人才，最难能可贵的是他不求名利，为了祖国的教育科研事业默默付出。

黄大年先进事迹值得新时代每一个教育工作者学习。组建黄大年式教师团队是深入学习"黄大年精神"的重要举措。2017 年 12 月，教育部教师工作司公示了首批"全国高校黄大年式教师团队"名单（共有来自全国 200 所高校的 201 个教师团队入选,团队负责人基本都是各自领域的领军科学家和知名学者),旨在凝心聚力,激励这些教师团队为国家科学教育事业的发展贡献力量。

相关阅读

刘延东送给全国广大教师的三句话

1.不忘初心,忠诚于党和人民的教育事业,崇德立教,为人师表,坚定职业信念,胸怀职业理想,满腔热情投身教育事业,努力做具有中国情怀、中国风格、中国气派的好教师。

2.满怀爱心,爱岗敬业,遵循规律,用爱唤醒爱,用温情传递信赖,广泛播撒爱的种子,关注学生的心灵幸福和个性潜能,悉心浇灌学生自由舒展的心灵之花。

3.独具匠心,潜心钻研,因材施教,更新知识结构,投身教育改革创新实践,点燃学生对真善美的向往和创新创造的激情,引领学生探求真知、追逐梦想,在报效祖国、服务人民中成长成才、建功立业。

——摘自:《中国教育报》2017 年 9 月 25 日

2017

事件 **10**

"校园贷"：
推动正规金融机构服务高校

🕐 事件回顾

2017 年 3 月，两会期间，"校园贷"问题再次成为热点。有统计显示，面向大学生的互联网消费信贷，截至 2016 年规模已突破 800 亿元。有代表委员建议，一方面要对部分野蛮生长、无序扩张的"校园贷"平台予以规范清理，另一方面也要推动正规金融机构尽快补上高校金融服务短板。

【来源：《中国教育报》2017 年 3 月 13 日】

👥 集体讨论

王金花：我所接触到的大学生用"校园贷"的比较少，但是用"蚂蚁借（花）呗""唯品花""京东白条"等平台的却有不少。这一类借贷平台的额度不大，且借贷额度是根据个人消费信用来确定的。虽然我不赞成大学生提前消费，但是当资金周转不过来时，学生还是可以在偿还能力范围之内，利用正规网贷平台缓解一时的经济紧张的。

徐玲玉：可以很确定的是，有风险的超前消费会产生不良影响，而且从不规范的平台贷款也会造成个人信息的泄漏，我认为高校应加强对大学生金融理财知识的教育。

陈庆文："校园贷"是互联网背景下的一种新生事物。由不良"校园贷"引发的自杀等恶性事件，一方面说明了金融信贷行业的不规范，导致不法行为侵害了学生的权益，另一方面也说明了高校对互联网背景下新生事物的应对能力不足。

刘　　敏：我认为"校园贷"的肆意泛滥与当今大学生消费意识出现偏差有关。大学生消费意识的养成与家庭环境有着密不可分的联系。当代大学生大多为独生子女，许多人从小生活在物质极为丰富的环境中，不能正确认识金钱的意义，而家长以及社会又没能及时引导他们树立正确的消费观。大学生作为成年人群体，不可避免地会产生一定的消费欲望，而自身又没有经济能力，于是在错误的消费观念下尝试不良"校园贷"，最终危害了自身。

苏家玉：不良"校园贷"在高校流毒甚深，当下大学生的人生观与价值观出现偏离，这是不良"校园贷"产生的原因之一。当下大学生艰苦奋斗、努力实现自我价值的观念缺失，享乐主义与拜金主义的滋长为不良"校园贷"的盛行提供了机会。要遏制这种现象，关键在于引导大学生树立正确的价值观。

段明广："不负新时代，敢于新作为"，新时代的大学生应该有理想、有担当。大学生思维超前，但是行动往往滞后于思维，在不确定的事物面前应该保持一份警醒。自我管理与自我控制能力是大学生应该具备的基本能力，大学生应该对自己的消费能力有正确的判断。

🔓 贺祖斌点评

"校园贷"近年来在高校迅猛增长，这是"互联网+金融"的新模式，也是互联网应用深入校园生活的体现。据调查，校园借贷主要用于消费购物、应急周转、培训助学、旅行、就业创业准备等。"校园贷"借助网络平台，其申贷门槛低，手续非常简单。如此一来，很难做到近距离的信用调查和借款用途调查，存在较大的资金管控风险。部分不良"校园贷"平台在高校野蛮生长，这些"校园贷"平台无任何资质，学生持简单的个人信息就可以贷款。不良"校园贷"的最大特点之一在于获取学生的私密信息，另外一个特点就是利息极高。如果学生无法按期还款，放贷人将采取各种"威逼利诱"的方式向学生催债,如催债电话,甚至是让学生收到真假未知的法律文书,最终导致学生精神持续紧张,直至崩溃,付出声誉乃至生命的代价。我曾经工作过的高校,也有学生接触过"校园贷"平台,最坏的结果是学生不得不结束学业,这给学校、家庭、社会造成了无法挽回的损失。

　　作为高校,面对这种新情况,一方面要规范"校园贷",推动正规金融机构尽快补上高校金融服务短板,这是净化"校园贷"环境最有效的途径。正规贷款平台会记录大学生的消费状况,评估其偿还能力,进行合理放贷,且利息不算高,使大学生偿还贷款有了缓冲期。另一方面,应开设一些金融理财知识课程,加强对大学生金融基础知识的教育,提高大学生的风险意识。此外,高校要引导大学生树立合理的消费观念,促使其理性地进行物质消费。

📖 相关阅读

全国学生资助管理中心再次向广大学生发出预警
增强防范意识远离校园不良网贷(节选)

　　全国学生资助管理中心提醒广大学生,一要"擦亮眼睛",增强防范意识,谨慎使用个人信息,不随意填写和泄露个人信息,对于推销的网贷产品,切勿盲目信任,提高自身对网贷业务的甄别、抵制能力。二要"找准组织",上学遇到经济困难时,请及时找学校资助部门,只要上学有经济困难,国家和学校都会提供适当帮助,解决学费、住宿费问题,以国家助学贷款为主;解决生活费问题,以国家助学金为主;解决突发临时困难问题,以临时困难补助等为主;解决综合能力和生活补助问题,以勤工助学等为主。三要"理性消费",培养勤俭意识,摒弃超前消费、过度消费和从众消费等错误观念,合理安排生活支出,不盲从、不攀比、不炫耀。

——摘自:《中国教育报》2017 年 4 月 11 日

2017 年度总评

　　2017 年是我国"十三五"规划实施的第二年,处于普及化阶段的高等教育,高校师生比、研究生规模进一步扩大。我国政府这一年提出建设"双一流"高校,这是继"211 工程""985 工程"之后的又一国家级战略。同年,颁布新版的中国高等教育系列质量报告,继续推动诸如人才发展体制机制及高等教育"放管服"改革。此外,国家还关注到师范类专业的统一认证问题,注重发挥时代教书育人榜样作用,出台新版《普通高等学校学生管理规定》,进而推进高等教育内涵式发展,以期实现新时代中国特色社会主义高等教育强国之目标,建成世界一流工程教育强国。然而,高等教育的发展并非一帆风顺,如出现"校园贷"现象,极大地荼毒了校园风气,为此,我们必须遏制不良风气传播,促进高等教育高质量发展。

贺祖斌

推进高水平大学建设　服务区域经济发展①

党的十九大报告提出,中国特色社会主义进入新时代,我国社会的主要矛盾已经转化为人民日益增长的美好生活需要和不平衡不充分的发展之间的矛盾。推进高水平大学建设,满足人民日益增长的享受更高质量教育的需求,办好人民满意的教育,成为高校发展的重要目标。当前,"双一流"建设为推进高水平大学建设提供了重大历史机遇。我区高校要贯彻落实好党的十九大精神,主动承担起教育的新时代历史使命,全面落实教育方针,积极服务国家战略,在高层次人才队伍建设、"双一流"建设、区域协调发展、综合改革等方面持续发力,为建设成为高水平大学奠定坚实基础。

一、打造高层次人才队伍,增强高校育人科研服务能力

人才是实现民族振兴、赢得国际竞争主动权的战略资源。高水平大学核心竞争力在于高层次人才队伍的数量与质量,这是建设高水平大学的关键所在。纵观国内外高水平大学,无不拥有一批高层次人才。当今社会,知识不断创新,科技迅猛发展,世界各国综合国力的竞争,其核心在于人才的竞争。高校只有打造出自身的高层次人才队伍,才能在人才培养、科学研究、社会服务等方面拥有话语权。因此,广西高校应根据学校人才培养、学科建设和科学研究的规划目标和任务,统筹

---

① 该文发表在《广西日报》,2017 年 11 月 23 日。

资源整体实施领军人才引育、拔尖人才选培、青年教师培养、创新团队建设等人才工程,强化高层次人才的支撑引领作用,优化中青年教师成长发展、脱颖而出的制度环境,培育跨学科、跨领域的创新团队,增强人才队伍可持续发展能力。

同时,要实施人才激励考核评价机制。探索实施高层次人才协议工资、项目工资、年薪制工资制度,以灵活多样的薪酬形式吸引、留住高层次人才。贯彻"不为所有但求所用"的柔性引进政策,柔性引进高端拔尖人才,利用外智开展好合作研究,实施智库人才培育计划,着力培养和打造智库队伍和咨政研究团队,打造智库"人才特区"。此外,还应推进岗位管理改革,以师德为先、教学为要、科研为基、发展为本为基本要求,充分体现不同岗位考核评价导向的针对性、指标内涵的科学性、工作业绩的等值性,实施科学的人员分类管理及评价考核体系。通过多方举措,努力形成"人人渴望成才、人人努力成才、人人皆可成才、人人尽展其才"的良好局面,充分激发各类人才的创造活力和聪明才智,为高水平大学建设聚集宝贵的人才库和智力库,切实增强高校育人科研服务能力。

二、服务区域协调发展战略,提升高水平大学建设水平

当前,广西迎来了历史上最好的发展时期,多重机遇优势叠加,广西发展形势催人奋进。

广西高校要根据自己的优势特色,积极为国家的区域协调发展战略贡献智慧和力量。具体而言,应坚守科学研究服务经济社会发展的基本原则,建设具有基础理论研究、战略性前瞻性研究、舆论引导、决策咨询等职能和功能的高校新型智库;坚持科学研究,主动面向经济建设主战场,全面融入经济建设和社会发展实践,参与区域创新体系建设;坚持立足广西、面向全国、走向世界的科技服务理念,以社会需求为导向,加强校地、校企科技合作,依托重点学科、重点实验室和研究基地,大力提高教育、历史文化、经济、法律、药物化学、生态与环境保护等领域研究与社会需求的结合度,形成优势和特色,着力构建科技创新体系,支撑地方经济社会发展。同时,进一步加大科学研究成果的转化力度,采取措施鼓励应用研究成果的转化。促进哲学社会科学研究成果在地方文化建设、法规建设、生态建设等方面发挥作用;促进自然科学与工程的应用研究成果转化为生产力,为地方经济建设服务。

三、加快"双一流"建设，实现高等教育内涵式发展

建设一流大学和一流学科，是党中央、国务院在新时代做出的重大战略部署，对于高等教育的内涵发展、国家综合国力的跃升具有重要意义。目前，在国家"双一流"建设名单中，广西高校中只有广西大学的一个学科进入"国家队"。要实现"加快建设"的目标，广西的高校应围绕办学优势和国家地方重大发展战略凝练学科发展方向，突出学科建设重点，深入实施学科集群发展战略，重点建设打造一批高峰学科和若干高峰学科方向。同时，强化学科交叉融合和协同创新，发挥优势学科的辐射、示范作用，加快新兴与交叉学科建设，全面提升学校学科整体水平，构建起优势明显、特色突出、结构优化、主动服务的基础学科和应用学科共生互动，人文社会科学、自然科学和工程技术学科互相支撑，与学校高水平大学目标相一致的高水平学科体系，为进入"国家队"积蓄力量，实现高等教育内涵式发展。

四、贯彻新发展理念，深入推进综合改革

发展是解决一切问题的基础和关键，发展必须是科学发展，必须坚定不移地贯彻创新、协调、绿色、开放、共享的新发展理念。推进高水平大学建设，必须贯彻新发展理念，进一步深化广西高校综合改革，着力破解影响学校科学发展的体制机制障碍，加快构建高效、协调的体制机制，为高校更好的发展保驾护航。

要坚持问题导向，遵循教育规律，依据"整体性、特色性、实效性"的原则要求制定改革路径和策略。结合高校实际，坚持顶层设计与层层落实相结合，用系统思维来做好改革的顶层设计，统筹改革的实施力度、发展速度和可承受度；坚持综合改革与重点突破相结合，用全局的理念来推进综合改革，突出重点任务并带动综合改革；坚持协同创新与特色发展相结合，着力运用协同创新思维破除改革发展障碍的同时，坚持彰显和突出传统特色；坚持集体发展与个体发展相结合，切实协调好在改革过程中集体利益与个人利益的关系，坚持发展成果共享，让师生员工得到实惠，让学校得到发展。通过综合改革，牢固树立人才培养的中心地位，形成以人才培养为主体、制度保障完善与条件保障充分为两翼的架构，全面提升人才培养的质量，力促高水平大学的建设，为服务广西经济社会发展提供强有力的人才保证和智力支撑。

2018
本科与学科

经过分析、讨论，我们筛选、梳理了 2018 年我国高等教育领域的十大事件：习近平总书记发表"5·2 讲话"，强调高校要抓住培养社会主义建设者和接班人这个根本任务，努力建设中国特色世界一流大学；全国教育大会召开，对我国教育事业发展进行了系统总结和全面部署，开启了新时代加快推进教育现代化、建设教育强国的历史新征程；新时代全国高等学校本科教育工作会议召开，"新时代高教 40条"出台，加快建设高水平本科教育；"双一流"建设持续推进，引导高校走内涵式发展道路；第四轮学科评估结果公布，推动学科建设和学科评价标准研究进程；总结改革开放 40 年历史成就，提升高等教育现代化发展水平；全面深化新时代教师队伍建设改革，规范教师职业行为；开展清理"五唯"行动，改变当前评价制度中存在的价值失衡问题，扭转不科学的评价导向；西湖大学正式成立，这是我国民办高等教育的一次大胆探索，开创高等教育办学体制改革之先河；"南大教授论文被撤事件"曝光，引发社会热议，反映出我国教师评价制度和学术不端严惩制度亟待完善。通过梳理这十大事件，主持人以学者身份主持讨论和点评，讨论者则从不同角度对各大事件进行多方面的评析，从而多维度地呈现了 2018 年我国高等教育改革的前沿动态，回顾和思考了我国高等教育发展的轨迹。①

2018 年中国高等教育十大事件关键词：

"5·2 讲话"、教育大会、以本为本、"双一流"、学科评估、高教 40 年、教师队伍、清理"五唯"、西湖大学、学术不端

---

① 本期主持贺祖斌，课题组成员：李欣怡、苏家玉、陈庆文、潘杰宁、蒲智勇、谢明明、张羽、王金花、徐玲玉、李响、游晶晶、陈洋、罗惠君。

2018

"5·2讲话"：
明确新时代高校新目标新任务

⟳ 事件回顾

2018年5月2日，习近平总书记在北京大学师生座谈会上发表了重要讲话。这次讲话强调了四项主要内容："一个根本任务"，就是培养社会主义建设者和接班人；"两个重要标准"，就是要把立德树人的成效作为检验学校一切工作的根本标准，把师德师风作为评价教师队伍素质的第一标准；"三项基础性工作"，就是要坚持办学正确政治方向，建设高素质教师队伍，形成高水平人才培养体系；"四点希望"，就是要求青年学生要爱国、励志、求真、力行。这四项内容形成了一个完整的逻辑体系，明确回答了培养什么人、怎样培养人的问题，对高等教育工作的要求更加明确具体，为高校落实立德树人的根本任务指明了前进的方向。

【来源：新华网 2018 年 5 月 3 日】

👥 集体讨论

李　　响：习近平总书记在讲话中指出，"古今中外，每个国家都是按照自己的政治要求来培养人的，世界一流大学都是在服务自己国家发展中成长起来的"。我们要建设既有中国特色又达到世界一流水平的"双一流"高校,就是为了服务国家发展,培养具有现代观念、国际思维的人才。

陈　洋:高校的发展不是模仿和复制,而是要办出自己的特色,避免同质化倾向。中国要努力实现从教育大国向教育强国的转变。

张　羽:习近平总书记在五四青年节来临之际来到北京大学,与师生座谈,这既是对北京大学的历史性贡献的肯定,又是对以北京大学为首的高等学府在社会主义现代化建设方面的期许。

李欣怡:习近平总书记在讲话中提及的"两个重要标准"更加突出了"德"的重要性,这为高校工作划出了重点。立德树人和师德师风建设是培养学生品德修养和综合素质的重要途径。

罗惠君:正如习近平总书记强调的,作为一名青年,作为一名未来的人民教师,我们应要求自己尊重知识、尊重人才、尊重老师,培养实事求是、严谨治学、崇尚科学的精神以及忠于职守、爱岗敬业的职业道德。作为新时代青年,我们生逢其时,应该做好当下每一件有意义的事,努力奋斗,砥砺前行。

游晶晶:习近平总书记的讲话从字里行间流露出了他对广大青年学子寄予的厚望,并对青年提出了严格的要求。高等教育在培养人才的过程中,要引导广大青年树立远大理想。理想信念教育将成为高校德育的一大重点。

🔓 贺祖斌点评

2018年5月2日,习近平总书记在北京大学师生座谈会上发表重要讲话。对此,我们可以从三个方面加以理解。

第一,培养什么人的问题。习近平总书记强调,大学首先是立德树人、培养人才的地方。社会主义大学最根本的任务就是培养"德智体美全面发展的社会主义建设者和接班人",培养"服务自己国家发展"的人。习近平总书记多次就高校"培养什么人""如何培养人"以及"为谁培养人"这一系列根本问题发表重要讲话,并在党的十九大报告中强调要"培养德智体美全面发展的社会主义建设者和接班人"。在这次讲话中,习近平总书记提出,把立德树人作为检验学校一切工作的根本标准,把师德师风作为教师评价的第一标准。这"两个重要标准"为高校办学进一步明确了政治站位,指明了方向。高校要把立德树人的根本任务落实到大学建设和管理的各领域、各方面、各环节,做到以树人为核心,以立德为根本。

第二,教师队伍问题。习近平总书记强调立德树人的主要途径就是建设高素质教师队伍、形成高水平人才培养体系。一是建设高素质教师队伍。这里的"高素质"要求教师队伍"政治素质过硬、业务能力精湛、育人水平高超"，也就是要造就一大批"有理想信念、有道德情操、有扎实学识、有仁爱之心"的"四有好老师"。二是形成高水平人才培养体系。这里的"高水平"要求人才培养的"站位高、规格高、资源条件高、社会评价高"。

第三，青年成才问题。青年兴则国家兴，青年强则国家强。习近平总书记强调"广大青年既是追梦者，也是圆梦人"，同时指出，新时代对于广大青年来说"是最大的人生际遇，也是最大的人生考验"，鼓励广大青年要爱国、励志、求真、力行，乘新时代春风，放飞青春梦想。这就要求高等教育要专注于青年学生的成长成才，要求教师把工作精力聚焦于青年学生，要用教师自身的理想信念、道德情操、扎实学识和仁爱之心引领青年学生成长，促进青年学生发展。

习近平总书记的重要讲话高屋建瓴，其思想深刻、内涵丰富，把握时代大势，着眼未来发展，回应实践要求，充分体现了习近平总书记对教育工作的高度重视、对青年学生的亲切关怀。

相关阅读

习近平总书记：广大青年要立鸿鹄志做奋斗者

在五四青年节和北京大学建校120周年校庆前夕，习近平总书记在北京大学师生座谈会上发表重要讲话，围绕励志成才特别强调，广大青年要"立鸿鹄志，做奋斗者"，要"培养奋斗精神，做到理想坚定，信念执着，不怕困难，勇于开拓，顽强拼搏，永不气馁"。

立志须有情怀。"志不立，则天下无可成之事。"从来没有哪个时代能像今天一样赋予青年如此丰富而广阔的理想天地，也从来没有哪一代青年能像今天的青年一样拥有如此多样化的圆梦路径。这是时代之幸，亦是青年之幸。广大青年在选择理想时更应以天下为怀，把握历史之脉，顺应时代之势，响应国家之呼。

立志必须担当。"青年兴则民族兴，青年强则国家强。"接过历史的接力棒，广大青年要树立强烈的使命感和紧迫意识，时刻铭记国家信任与人民重托，时刻不忘一代学子的时代责任，勤学苦练、开拓创新，努力掌握各类文化科学知识，用心锤炼各项本领技能，让青春在求索与拼搏中收获价值。

立志务必奋斗。奋斗是青春最闪亮的名片。迈向新长征，当代青年既是追梦者，更是圆梦人。对接人民对幸福生活的向往，急需青年一代开启更执着、更精彩的奋斗模式。

——摘自《中国教育报》2018年5月9日

2018

事件 **2**

教育大会：
开启新时代教育现代化建设新征程

事件回顾

2018 年 9 月 10 日，全国教育大会在北京召开。这是新时代党中央召开的第一次全国教育大会，开启了加快推进教育现代化、建设教育强国的新征程。习近平总书记出席会议并发表了重要讲话，他从党和国家事业发展全局的战略高度，系统总结了我国教育事业发展的成就与经验，深入分析了新时代新形势对教育提出的新的更高要求，对加快推进教育现代化、建设教育强国、办好人民满意的教育做出了全面部署。

【来源：教育部网站 2018 年 10 月 23 日】

集体讨论

李　响：本次大会是中国特色社会主义进入新时代我国召开的第一次全国教育大会，召开时间与教师节为同一天，这体现了国家对教育的重视，弘扬了中华民族尊师重道的优良传统。作为师范大学高等教育学专业的研究生，我深受鼓舞，同时也为今后从事教育工作感到责任重大。

陈庆文：会议名称是"全国教育大会"，而不是"全国教育工作大会"，体现了党和国家对教育发展的重视和引领。习近平总书记的讲话中除了宏观层面的论述之外，还围绕"培养什么人、怎样培养人、为谁培养人"以及构建现代人才培养体系等问题进行了论述，体现了当前我国高等教育改革关注的重心已转移到微观层面。

苏家玉："培养人"的关键在于"靠谁培养人"。习近平总书记重点强调了教师队伍建设，指出师资队伍建设是本科教育的基础。大学生的世界观、人生观和价值观尚不成熟，需要教师言传身教。教师的知识输出固然重要，师德的潜移默化作用也应该被重视。引导教师潜心育人的有效途径，一方面在于教师培养体系的完善，另一方面在于社会尊师重道氛围的形成。

游晶晶："立德树人"是本次大会的一个核心词，"立德树人"也应该是高校的核心使命。我认为大学要实现立德树人，首要任务是思想政治教育的变革创新，一方面要提升"思政课堂"的教学效果，创新教学方法，打造能够真正让学生树立理想信念的"思政课堂"；另一方面，也要把立德树人融入文化知识教育、社会实践教育等人才培养的各个环节，充分发挥德育的隐性功能。

谢明明：习近平总书记在讲话中指出，要在学生中弘扬劳动精神，教育引导学生崇尚劳动、尊重劳动。关于这一点，我感触很深。我们这一代人在中小学阶段留下了关于劳动的记忆，而到了大学阶段，虽然学习了大量的学科知识，但是劳动的意识和技能却没有得到应有的培养。劳动精神的缺失导致大学生普遍轻视劳动。

🔓 贺祖斌点评

全国教育大会在北京召开，这是在中国特色社会主义进入新时代、全面建成小康社会进入决胜阶段的大背景下，党中央召开的第一次全国教育大会。会议召开时机好、规格高、影响大，"在我国教育发展史上具有里程碑意义，必将推动我国教育事业跨上一个新的台阶"。教育部高等教育司司长吴岩在解读"全国教育大会精神"时指出，全国教育大会的精神主要体现在"新判断、新表述、新要求、新措施"等方面。我觉得这种解读比较全面和准确。"新判断"：一是"两个事关"，即教育事关国家发展、事关民族未来；二是"三个决定"，即教育影响甚至决定着国家接班人，影响甚至决定着国家长治久安，影响甚至决定着民族复兴与国家崛起；三是"两个大计"，即教育是国之大计、党之大计；四是"九个坚持"，即坚持党对教育事业的全面领导，坚持把立德树人作为教育的根本任务，坚持优先发展教育事业，坚持社会主义办学方向，坚持扎根中国大地办教育，坚持以人民为中心发展教育，坚持深化教育改革创新，坚持把服务中华民族伟大复兴作为教育的重要使命，坚持把教师队伍建设作为基础工作。"新表述"：一是把"劳"纳入全面发展要求，培养德智体美劳全面发展的社会主义建设者和接班人，丰富了新时代党的教育方针的内涵；二是把凝聚人心、完善人格、开发人力、培育人才、造福人民作为教育的总体要求；三是强调新时代人才培养要在坚定理想信念、厚植爱国主义情怀、加强品德修养、增长知识见识、培养奋斗精神、增强综合素质六个方面下功夫。"新要求"：对教育提出了"塑造灵魂、塑造生命、塑造新人"的新要求，对教师提出了要有"大胸怀、大境界、大格局"的新要求，对大学书记、校长提出了"视办好学校为天大事业的使命感"的新要求。"新措施"：着眼于我国教育改革"点多、面广、线长"的特点，从扭转不科学的教育评价导向、激发学校教育事业的生机与活力、提升教育服务社会发展的能力、提高我国教育的世界影响力等方面提出了相应的措施。

相关阅读

如何培养社会主义建设者和接班人

如何培养社会主义建设者和接班人？习近平总书记在全国教育大会讲话中强调，要在六个方面下功夫：坚定理想信念、厚植爱国主义情怀、加强品德修养、增长知识见识、培养奋斗精神、增强综合素质。

浇花浇根，育人育心。坚持把立德树人作为根本任务，全力培养社会主义建设者和接班人，培养社会发展、知识积累、文化传承、国家存续、制度运行所要求的人，中华民族伟大复兴的中国梦终将在一代代人的接力奋斗中变为现实。

——摘自：《人民日报》2018 年 9 月 15 日

事件③

以本为本：

新时代全国高校本科教育

工作会议召开

🕐 事件回顾

2018 年 6 月 21 日,新时代全国高等学校本科教育工作会议在四川成都召开。会议强调,坚持"以本为本",推进"四个回归",加快建设高水平本科教育,全面提高人才培养能力,造就堪当民族复兴大任的时代新人。2018 年 10 月 17 日,为贯彻落实全国教育大会精神,围绕提高人才培养能力这个核心,教育部印发《关于加快建设高水平本科教育全面提高人才培养能力的意见》,明确提出 40 条具体意见,又称"新时代高教 40 条",并决定实施一流专业建设"双万计划"。

【来源:教育部网站 2018 年 10 月 17 日】

👥 集体讨论

谢明明:近年来,通过政府的不断投入,高校的办学条件逐渐改善,也引进了大量高层次人才,但高校人才培养质量亟待提升的问题,值得关注。一方面,部分高校的内部治理水平不高,没有充分利用现有的办学条件担当起人才培养的重任;

另一方面,"重科研轻教学"是高校的普遍现象,大量的人力、物力投入科研,造成对本科人才培养的忽视。这时候强调"以本为本"的理念尤为重要。

张　羽:据 2017 年教育统计数据显示,当年普通本科毕业生与研究生毕业生的比例大概是 7∶1。可见,本科生不仅是社会发展的主力军,更是地方经济发展的主力军。重视本科教育既是高等教育之本,又是经济社会发展的需要。

苏家玉:当下大学生缺乏朝气蓬勃、奋发图强的精神风貌,不断被贴上"佛系""丧"等流行文化标签,不思进取、醉生梦死成为一部分大学生给人留下的新印象。"新时代高教 40 条"将通过严把毕业出口关,加强过程考核,取消"清考"等制度措施,构建严格的本科教育,推动本科教育的回归。

蒲智勇:"新时代高教 40 条"对提高文、理、工、农、医、教等领域人才培养质量提出了严格要求,做出了具体安排,推出了一系列举措,更加突出教育质量问题。为办好本科教育,各高校还应定期对本科教学质量进行评估,对本科生所学专业和学科教师授课情况进行评估,从细节上提高本科教育的质量。

李　响:我认为"新时代高教 40 条"的出台为我国本科教育制定了一套全面、完整的规划,为大学生"增负",有利于提升大学文凭的价值,培养真才实学的大学生。

潘杰宁:"新时代高教 40 条"提出实施一流专业建设"双万计划",这是落实"四个回归"的有效举措。学科和专业都是人才培养的依托,学科通过知识体系来呈现,专业通过课程体系来呈现。两者相比,专业更能反映人才培养的动态过程。"双万计划"的实施将有效促进高等教育内涵式发展。"新时代高教 40 条"还提出应用型本科高校要结合办学特色努力建设一流专业,体现了我国"双一流"建设的多元化发展理念。

🔒 贺祖斌点评

我特别关注在新时代全国高等学校本科教育工作会议上教育部部长陈宝生强调的"三不三要":不抓本科教育的高校不是合格的高校,不重视本科教育的校长不是合格的校长,不参与本科教学的教授不是合格的教授;要把本科教育放在人才培养体系的核心地位,要把本科教育放在教育教学的基础地位,要把本科教育放在新时代教育发展的前沿地位。这也反映了目前我国高校本科教育改革的迫切要求。

"新时代高教 40 条"是教育部坚持"以本为本",为推进"四个回归"而出台的具体方案,对新时代高校建设具有重要意义。"本科不牢,地动山摇",揭示了目前我国大学普遍存在忽视本科教育的突出问题,特别是自本科生扩招以来生源质量下降以及现行高校教师评价体系不合理导致的"学生不好好学,教师不好好教"的现象。教育部这次出台的"新时代高教 40 条"不仅及时,而且抓住了重点,集中体现了国家对高校本科教学改革的重视和支持。为此,作为高等教育工作者,我深感庆幸。

"新时代高教 40 条"强调围绕以下几个方面推进高校改革:一是强调对思想政治教育的改革,要改变思政课教学方法单一、课堂内容过时、评价手段落后的现状,把社会主义核心价值观融入本科教育的方方面面;二是注重对本科生考试制度的改革,完善多元评价体系,鼓励和督促学生努力完成学业;三是注重对教学体系的改革,提倡跨学科学习、跨专业学习,建立多元化评价体系,充分调动学生积极性;四是注重对教师队伍的改革,把师德建设摆在首位,完善教师个人信用体系,促进师德建设常态化,鼓励优秀学者走进课堂,进一步完善多元化教师评价体系,形成教师愿意教、学生乐于学的教学风气。

2018 年 11 月,为贯彻落实新时代全国高等学校本科教育工作会议精神,我任职的广西师范大学专门召开第八次本科教育大会,我还在会上做了《坚持以本为本　推进四个回归　加快高水平本科教育建设》的报告。学校启动实施《建设高水平本科教育行动计划(2018—2022 年)》,提出以下目标:牢固树立"以学生为中心"的本科教育理念;坚持"立德树人、协同培养、质量导向",不断完善目标、过程、评价三位一体的人才培养体系;高质量完成涵盖本科教育教学各环节的"十大工程"及各项建设任务,为区域经济社会发展培养更多的创新型、复合型、应用型人才。

相关阅读

"新时代高教40条"主要内容

"新时代高教40条"可分为四部分：

一是重要意义和形势要求，包括第1、2条。阐述了建设高水平本科教育的重要意义和新的形势要求。

二是指导思想和目标原则，包括第3、4、5条。明确提出建设高水平本科教育的指导思想，确立了未来5年的阶段性目标和到2035年的总体目标，提出实施的五项基本原则。

三是主要任务，包括第6至35条。分别从把思想政治教育工作贯穿高水平本科教育全过程、围绕激发学生学习兴趣和潜能深化教学改革、全面提高教师教书育人能力、大力推进一流专业建设、推进现代信息技术与教育教学深度融合、构建全方位全过程深融合的协同育人新机制、加强大学质量文化建设七个方面，明确了建设高水平本科教育人才培养体系的主要任务和重点举措。

四是加强组织实施，包括第36至40条。从加强组织领导、强化主体责任、加强部门统筹、强化支持保障、注重总结宣传五个方面明确了工作要求。

——摘自：教育部网站 2018 年 10 月 17 日

2018

事件 **4**

"双一流"：
引导高等教育走内涵式发展道路

🕐 事件回顾

2018 年 8 月 8 日，教育部、财政部、国家发展改革委印发《关于高等学校加快"双一流"建设的指导意见》（以下简称《指导意见》）。《指导意见》是对当前高校落实"双一流"建设总体方案和实施办法的具体指导，进一步明确建设高校的责任主体、建设主体、受益主体地位，引导高校深化认识，转变理念，走内涵式发展道路，确保实现建设方案的目标任务。

【来源：教育部网站 2018 年 8 月 8 日】

👥 集体讨论

谢明明："双一流"建设要根据不同学科特点开展。高校对社会的引领，不仅体现在科学技术的引领上，更应该体现在文化的引领上。

王金花：《指导意见》将"双一流"建设与区域发展联系起来。我认为这是非常具有国际化视野而又不乏本土特色的一项举措。关于如何建设"双一流"，很多高校关注"世界一流"的标准，更关注我国高等教育如何迎合这套标准，然而忽视了高校发展与地方经济的相辅相成。

徐玲玉：不同地域的高校有其不同的市场需求，因此高校在专业设置、学科发展等方面应考虑本地区的优势和学生毕业之后的发展意向，使专业设置有自身鲜明的特色，重视发展优势学科。高校还应敢于突破传统教育的束缚，使自身更能适应时代发展的需要。

李欣怡：《指导意见》提出在学科建设的过程中要突出特色，积极打造具有中国特色、中国风格、中国气派的一流学科。学科建设要立足于中国本土，充分发挥自身的优势及特色，避免在追求一流的过程中出现严重的同质化倾向。同时，我也关注到"育人提质"是其主旋律。各高校在制定本校的实施方案时，应发挥主体作用，在"主旋律"的基础上加入自己的"和声"，谱写高等教育内涵式发展新篇章。

罗惠君：一流学科是基础与前沿、优势与特色的结合。只有尊重规律，发挥优势，突出特色，注重内涵式发展，才能真正推动"一流学科"的建设。

潘杰宁：我认为《指导意见》的出台更多是精神和理念上的引领。对于那些不在"双一流"建设高校和建设学科名单中的大学来说，也应把握好此次契机，找准定位，办出特色，更好地为地方经济发展服务。

陈庆文：《指导意见》指出，要完善政府、社会、高校相结合的共建机制，形成多元化投入、合力支持的格局。可见，"双一流"建设是学校与地方政府互动的过程，也是学校与行业、企业互动的过程。

🔓 贺祖斌点评

"双一流"建设高校和建设学科名单公布后，"双一流"建设成为高等教育界的一个热词。党的十九大报告强调，要加快一流大学和一流学科建设，实现高等教育内涵式发展。我认为，"双一流"中的"一流"，强调的是"争创一流"的发展理念，这既是一种水平，又是一种精神和品质追求。尤其是地方高校要抓住机遇，找准定位，聚焦"五个卓越"，加快"双一流"建设。

一是加强卓越学科建设。聚焦优势学科，率先形成突破口，继而由点到面促进整体发展，这是一条推动国内高水平大学建设的有效途径。因此，要做好学科战略布局，打造特色鲜明的学科集群，建设一批重点学科，不断提升学科整体水平。二是办好卓越本科教育。只有培养出一流人才的高校，才能成为一流大学。办好高水平大学，必须牢牢抓住全面提高人才培养能力这个核心，以此带动高校其他工作。因此,一方面要抓好教学改革,做好专业改革与专业结构调整;另一方面也要重视学校、学科、专业的特色发展。三是构建卓越师资队伍。建设师德高尚、业务精湛、结构合理的高水平创新型师资队伍,一方面需要完善高端人才的"引育"机制,重视对青年教师的培养;另一方面需要注重提高师资队伍国际化水平。四是建设卓越大学文化。要营造先进文化氛围,把培育和践行社会主义核心价值观融入大学教育的全过程,深入挖掘校本文化基因,提升学校文化的辐射力,推动文化"走出去",促进文化融合发展,提高大学文化引领力。五是提供卓越社会服务。坚持问题导向,为社会发展提供卓越的服务。推动大学内部各种科研活动创新,促进科研跨学科、跨校、跨区域协同发展,围绕经济社会发展需求,强化大学对区域战略性、全局性问题的研究。我于 2018 年 10 月对著名教育家潘懋元先生进行了访谈,他认为地方高校要强化服务地方经济社会发展的功能,推动产教融合,加强校企合作,注重应用型人才的培养。

我认为,推动高等教育发展的关键在于加快"双一流"建设,促进"内涵式发展"。因此,高等教育改革要在这两方面"做足文章"。

📖 相关阅读

地方高校是"双一流"建设重要参与者

第一,地方高校是"双一流"建设的重要参与者,不是场外"啦啦队"。地方高等院校的优势是与地方经济社会发展结合紧密,对于地方文化包括许多世界文化遗产研究成果丰厚,不乏优秀的学术大师和研究智库。

第二,"双一流"建设是地方高校发展的长远大计,不是一时之策。"双一流"建设是中国高等教育也是地方高等院校改革和发展的长远大计。新一轮"双一流"建设方案坚持问题导向,打破身份壁垒,鼓励公平竞争。

第三,"双一流"建设要提高国际竞争力和影响力,不能满足于"自娱自乐"。地方院校一方面要努力抢占知识生产和科技创新的战略制高点,另一方面要善于发现和总结世界性课题,做出体现中国特色、世界水平的高质量研究成果。

第四,"双一流"建设要高度重视培养大师,而不是依靠相互"挖墙脚"。地方高校要以学科建设规划为核心,对于领军人才、杰出人才、卓越人才三个层次进行长远规划和科学培养。

——摘自:《中国教育报》2018 年 1 月 17 日

2018

事件5

学科评估：
第四轮学科评估结果引发社会
高度关注

事件回顾

　　2017 年 12 月 28 日,教育部学位与研究生教育发展中心公布全国第四轮学科评估结果。第四轮评估于 2016 年在 95 个一级学科范围内开展(不含军事学门类等 16 个学科),共有 513 个单位的 7449 个学科参评。评估结果按照"精准计算、分档呈现"的原则,根据"学科整体水平得分",将前 70% 的学科分为 9 档公布。

【来源:教育部网站 2018 年 12 月 29 日】

集体讨论

　　陈庆文:从 2002 年开始,我国一共进行了四轮学科评估,其中第四轮学科评估备受关注,这与"双一流"建设、高等教育内涵式发展等有着密切的关系。第四轮学科评估的参评条件、指标体系都发生了较大的变化,其中最明显的一点就是把人才培养放在指标体系的首位,突出人才培养工作的重要性。

　　李　响:本次学科评估结果的公布与"双一流"建设高校和建设学科名单的

公布是在同一年,二者在一定程度上相互影响、关联。这几年国家对学科建设越来越重视,我认为这会成为高考考生在填报志愿时的考虑因素,增加他们对学科实力的关注。

　　罗惠君:学科评估结果让我们更清晰地了解到每所学校的特色专业,让社会公众拥有教育质量知情权。同时,排名有利于高校分析自身短板,及时弥补学科建设方面的不足。通过学科评估,政府管理有方向,高校办学有动力,社会监督有平台。

　　陈　洋:评估应该是一种查漏补缺的方法。评估结果公开是促进各高校相互学习、反思的有效机制,高校应该从学科评估中认识到自身学科设置的优势和缺陷,取长补短。这有利于提高高校学科建设的科学性,提高人才培养的质量,推动"双一流"建设。但是如何使评估的方式、指标更加合理、科学,使评估过程更加公正,这是在学科评估的过程中值得注意的问题。

　　蒲智勇:我比较关注第四轮学科评估结果公布的方式,采用"分档"的方式进行公布,不再强调校与校之间分数的差异及排名的先后。这种评估导向淡化了以往评估中对排名、分数的过分追求,使得高校关注的重心转向学科发展本身。这是一种基于发展性原则的评估。

　　李欣怡:在这轮学科评估中,第一次以"公共数据和单位填报相结合"的方式获取评估数据,有利于提高参考值的有效性。目前,数据统计常因指标定义不统一而造成同一个指标统计结果大相径庭的问题。结合单位填报避免了公共数据因指标内涵与评价指标体系不相适应而出现的问题,提高了评估的科学性,同时也有利于增强评估的权威性。

　　王金花:从公布的评估结果数据来看,"自愿申请、免费参评"的原则让大部分具有参评资格的高校参加了此次学科评估,但仍有部分高校没有申请参评,因此应加大学科评估宣传力度,让更多乃至全部具有参评资格的高校参与进来。

🔓 贺祖斌点评

　　2017 年 12 月 28 日,教育部学位与研究生教育发展中心公布全国第四轮学科评估结果。因为到了年末,这一事件没有入选 2017 年中国高等教育十大事件,但它在 2018 年产生了很大的影响力。第四轮学科评估于 2016 年 4 月启动,在 95 个一级学科范围内开展,共有 513 个单位的 7449 个学科参评(比第三轮增加 76%)。

全国高校具有博士学位授予权的学科有 94% 申请参评。我认为,第四轮学科评估结果将影响未来我国高等教育的学科建设若干年。我想从三方面谈谈我的看法。

第一,第四轮学科评估的指标。本轮学科评估指标体系保持"师资队伍与资源""人才培养质量""科学研究水平""社会服务与学科声誉"4 个一级指标框架基本不变,共设置人文、社科、理工、农学、医学、管理、艺术、建筑、体育 9 套指标体系框架,每个学科设置不同的权重。第二,第四轮学科评估的科学性。本轮学科评估首次采用"分档"方式公布评估结果,不公布得分、不公布名次,这种"分档"方式既保证较强的区分度,体现学科建设水平的实际变化,又淡化分数和名次,有利于引导高校将注意力转移到学科内涵建设上。第三,学科建设的成就。经过学科评估发现:研究生教育质量的社会认可度显著提高;科技自主创新能力和原创成果产出取得突破;已初步建立规模与质量并重的专任教师队伍;高校服务社会的能力、利用技术解决问题的水平大幅提升。

本轮学科评估结果公布后,不但没有引起学界的争议,反而让许多高校对本校学科建设进行了反思和讨论。学科评估已经开展了四轮,建立了我国目前规模最大、可靠性最高的学科大数据库,对研究学科发展规律、发现学科建设优劣、提高人才培养质量,将发挥十分重要的作用。我相信,未来我国会进一步推进具有"中国特色、国际影响"的学科评价标准研究,不断提升学科评估在国际和国内的影响力。

📖 相关阅读

14 所地方高校冲进学科榜首

教育部学位与研究生教育发展中心公布了全国第四轮学科评估结果,14 所地方高校表现卓越,其特色优势学科位列 A+。

其中,上海中医药大学 3 个学科位列 A+:中医学、中西医结合、中药学。

南京林业大学和中国美术学院各有 2 个 A+ 学科:南京林业大学的林业工程、林学;中国美术学院的美术学、设计学。

11 所地方高校分别拥有 1 个 A+ 学科,其中,云南大学的民族学、西北大学的考古学、南京医科大学的公共卫生与预防医学、黑龙江中医药大学的中药学等位列其中。

——摘自《中国青年报》2018 年 1 月 29 日

2018

事件**6**

高教 40 年：
总结高等教育改革开放历史成就

🕐 事件回顾

改革开放 40 周年, 高等教育改革与发展取得了历史性成就。1977 年高考制度的恢复是中国高等教育事业发展的一个里程碑, 揭开了中国高等教育改革的序幕。从 1993 年提出的"211 工程", 到 1998 年提出的"985 工程", 再到 2015 年提出的"双一流"建设, 无不是在为推动高等院校建设而努力, 并取得了令人瞩目的成绩。

【来源:《人民日报》2018 年 12 月 17 日】

👥 集体讨论

徐玲玉:回顾过去, 是为了展望未来。如何提升学生的人文素养, 如何提高学生学习专业知识、运用专业知识的实效性, 如何使学生具有严谨的学习态度和批判性思维, 仍是我国高校提高人才培养质量应思考的问题。

李　响:作为"90 后"学生, 我虽然没有亲身经历改革初期的历史性事件, 但是通过课堂学习、影视传播等途径, 了解到高等教育改革初期的不易与不平凡。通过改革,高等教育政策越来越好,越来越多的人能够接受高等教育,在高等教育大众化和内涵式发展的今天,我们依然要坚信"知识改变命运"。

苏家玉:经过40年的改革与探索,我国高等教育由恢复到精英化再到大众化、普及化,实现了跨越式的发展。我国高校越来越重视自身特色,寻找适合自己的发展道路。国家制定的高等教育发展规划和出台的高等教育管理政策也越来越尊重高等教育自身的发展规律,从"211工程""985工程"到"双一流"建设就是有力的佐证。

游晶晶:我国高等教育40年发展所取得的巨大成就是毋庸置疑的,但是,我国高等教育领域也存在着很多长期累积下的问题,如人才培养质量参差不齐、高等教育区域分布不合理以及趋同化倾向严重等问题。攻克这些难题需要所有高等教育工作者的共同努力,尤其是需要我们年轻一代的高等教育研究者的付出与投入。

谢明明:40年来,我国高等教育实现了规模化发展,但存在的问题也很多。多年来,关于高等教育与经济发展的研究、高等教育内部治理的研究有很多,关于大学理念的研究还需要加强。目前,我国高等教育办学过程中出现的同质化现象亟待改变。

王金花:在这40年里,更多的学生有了追求高深学问的机会。高考制度从文理分科转变为任选科目与自由组合,大大弱化了文理的界限,为培养复合型、创新型人才奠定了坚实的基础。

陈庆文:我认为高等教育改革的40年,最大的成绩是把"量"做大了,而下一个5年或者10年将是我国高等教育发展的黄金时期,将更加注重"质"的提升。从微观层面来讲,我认为"为学生提供个性化教育"将是未来我国高等教育改革关注的重点。

🔓 贺祖斌点评

习近平总书记在庆祝改革开放40周年大会上指出,改革开放是中国人民和中华民族发展史上一次伟大革命。改革开放40年来,我国高等教育改革发展取得了突出成绩。一是高校数量和在学规模突飞猛进。截至2017年,全国高等学校共计2914所,其中:普通高等学校2631所(含独立学院265所),成人高等学校283所;全国各类高等教育在学总规模达到3779万人,高等教育毛入学率从2012年的

30%增长到45.7%。二是高等教育质量不断跃升。针对高等教育质量问题,国家适时启动了二期"高等学校本科教学质量与教学改革工程",从1995年开始,先后启动了"211工程""985工程"和"双一流"建设。为了检验高等学校的办学成效,国家先后实施了普通高等学校本科教学工作"水平评估"和"审核评估"。随着这一系列政策的实施,我国大学发展卓有成效,学科的国际影响力和高等教育国际化水平持续提升。2016年,我国成为《华盛顿协议》正式成员,我国工程教育质量得到发达国家认可。截至2018年,从ESI学科排名来看,我国共有917个学科进入ESI排名全球前1%。三是高等教育体制改革成效显著。在办学体制方面,形成了以政府为主体、社会各界积极参与的新格局;在大学内部治理方面,不断推进法治化、制度化。四是高等教育国际化水平不断提升。相关数据显示,我国在留学生人数、学位互认、跨境办学和科研合作等方面取得了可喜的成绩。目前,我国高等教育仍然面临着人才培养质量亟待提升、区域发展不公平、科研对经济社会发展的贡献率不高、文化传承功能有待加强等问题与挑战。因此,高等教育改革应继续着眼于提高高等教育质量,促进区域间高等教育公平,提高大学治理水平,促进经济发展,承担起文化传承与创新的责任。

2018

事件**7**

教师队伍:

规范新时代高校教师职业行为

🕐 事件回顾

2018 年 1 月 20 日,《中共中央　国务院关于全面深化新时代教师队伍建设改革的意见》正式公布。这是新中国成立以来第一次以党中央名义专门印发的加强教师队伍建设的文件,明确了新时代教师队伍建设的总体方向,确定了全面深化教师队伍建设改革的一系列举措,并专门就高校教师师德师风建设、能力素质提升、人事制度改革、薪酬制度改革等重点工作提出了明确要求。为扎实推进《中共中央　国务院关于全面深化新时代教师队伍建设改革的意见》的实施,教育部制定了《新时代高校教师职业行为十项准则》,进一步明确新时代高校教师职业行为规范。

【来源:教育部网站 2018 年 11 月 14 日】

👥 集体讨论

李欣怡:师德话题在社会上引起了热议。教育部印发的《新时代高校教师职业行为十项准则》把师德摆在了突出位置,实行师德失范"一票否决"。我不禁想起北京师范大学的校训——"学为人师，行为世范"，身为人师，除了要具备扎实的学识外，还要品行高洁。正如习近平总书记所说的，要做好老师，就要有理想信念、有道德情操、有扎实学识、有仁爱之心。

陈　洋：教育部印发的《新时代高校教师职业行为十项准则》为教师划定基本底线。教师应该不断提高自己的道德修养，最终达到"爱业、敬业、精业、乐业"的境界。

游晶晶：《中共中央　国务院关于全面深化新时代教师队伍建设改革的意见》的出台，为高校教师队伍建设提供了良好的契机，其中关于师德师风建设的要求，充分考虑了大学环境的特殊性，提出建立教师个人信用记录，完善诚信承诺和失信惩戒机制，具有创新性，同时增强了改革措施的操作性，更易于政策的实施。

李　响：《中共中央　国务院关于全面深化新时代教师队伍建设改革的意见》明确了教师的重要地位，提高了教师的待遇。教师职业越来越受到国家的重视，教师队伍也一定会更加壮大。

徐玲玉：教师队伍中少数教师做出道德失范的行为，一方面是因为教师队伍的选拔把关不严，另一方面是因为教师的工作压力和生活压力导致其产生职业倦怠和消极情绪，这很容易影响学生。

🔓 贺祖斌点评

百年大计，教育为本；教育大计，教师为本。习近平总书记说：一个人遇到好老师是人生的幸运，一个学校拥有好老师是学校的光荣，一个民族源源不断涌现出一批又一批好老师则是民族的希望。怎样才能成为好老师呢？对此，习近平总书记提出了四条标准：好老师要有理想信念、要有道德情操、要有扎实学识、要有仁爱之心。习近平总书记关于教师发展的讲话，指明了教师职业发展的方向。《中共中央　国务院关于全面深化新时代教师队伍建设改革的意见》明确提出要求：到2035年，教师综合素质、专业化水平和创新能力大幅提升，培养造就数以百万计的骨干教师、数以十万计的卓越教师、数以万计的教育家型教师；教师管理体制机制科学高效，实现教师队伍治理体系和治理能力现代化；教师主动适应信息化、人工智能等新技术变革，积极有效地开展教育教学；尊师重教蔚然成风，广大教师在岗位上有幸福感、事业上有成就感、社会上有荣誉感，教师成为让人羡慕的职业。为全面深化新时代教师队伍建设改革,教育部针对新时代高校教师、中小学教师、幼儿园教师职业行为分别制定了"十项准则"。这些准则是教师职业行为的基本规范。师德师风是评价教师队伍素质的第一标准。教育部要求以有力措施坚决查处师德违规行为,对于发生准则中禁止行为的,要态度坚决,一查到底,依法依规严肃惩处,绝不姑息。

另外,我非常关注乡村教师的现状和发展问题。我于 2017 年主持了一项关于农村教育的课题,并出版了《广西农村教育发展报告》,其中部分内容就是研究乡村教师的现状与发展问题。这份研究报告提出:由于农村教育不强,中国不可能成为教育强国;由于乡村教师不足,中国基础教育的质量不可能提高。我认为,新时代教师队伍建设不能忽视广大乡村教师,只有解决乡村教师困难,巩固乡村教师队伍,才能更好地发展乡村教育,更好地体现教育的公平性。

相关阅读

党的十八大以来教师队伍建设大事记

2013 年,教育部印发《关于建立健全中小学师德建设长效机制的意见》。

2014 年,教育部印发《中小学教师违反职业道德行为处理办法》。

2015 年,国办印发《乡村教师支持计划(2015—2020 年)》,全面部署加强乡村教师队伍建设。

2016 年,教育部印发《关于深化高校教师考核评价制度改革的指导意见》,推进建立科学合理的高校教师考核评价体系。

2017 年,中组部、教育部印发《中小学校领导人员管理暂行办法》,完善选拔任用和管理监督机制。教育部等四部门印发《援藏援疆万名教师支教计划实施方案》。

2018 年,《中共中央 国务院关于全面深化新时代教师队伍建设改革的意见》,对教师队伍建设改革做出全面部署。实施部属 6 所师范大学公费师范生教育。

——摘自:《人民日报》2018 年 9 月 6 日

事件8

清理"五唯":
构建科学合理的教育评价导向

⏲ 事件回顾

2018 年 11 月 8 日,教育部办公厅发布《关于开展清理"唯论文、唯帽子、唯职称、唯学历、唯奖项"专项行动的通知》,要求高校开展"五唯"清理行动。"五唯"清理范围包括高校项目评审、人才评价、机构评估事项,以期通过高校自查的形式深化高校体制改革,健全立德树人落实机制,扭转不科学的教育评价导向,推行代表作评价制度,注重标志性成果的质量、贡献、影响。

【来源:教育部网站 2018 年 11 月 8 日】

👥 集体讨论

王金花:"推行代表作评价制度"是清理"唯论文"评价的有力措施,是在科学研究"质"与"量"之间做出的抉择。这并不意味着高校教师一味地强调代表作而止步不前。教师应该不断努力,取得新的研究成果。

游晶晶:学术界存在着"不出版即出局"的潜在规则,这无形之中给学者们造成了巨大的科研压力。开展"五唯"清理专项行动,有利于扭转当前高校中存在的人才培养与科学研究失衡的情况,营造良好的学术氛围,为潜心科研的学者赢得更多的时间,使其免受学术界浮躁风气的不良影响。

蒲智勇:在进行人才评价时,如何得到公正、客观的评价结果,关键在于评价的标准、机制是否科学。"五唯"清理专项行动有利于完善高校评价机制,扭转评价方式的单一状况。我认为下一步还需要明确针对不同的工作岗位、不同类型的项目建立不同的评价机制。

苏家玉:单纯追求量化标准,容易助长投机取巧、不正之风。因此,需要改变的是"唯"的态度,摒弃的是"只见树木不见森林"的片面做法。清理"五唯"只是开始,只有建立公正、合理的评价体系,才能引导高校走向科学评价之路。

谢明明:以"五唯"作为评价指标是一种比较容易操作的方式,其弊端就在于"五唯"的内容并不能代表评价对象的真正实力。比如项目评审,没有具体考量申报人的学术研究领域、成果与项目本身的匹配度,结果往往是职称高、"帽子"高的人容易通过评审获得项目,于是就会出现各种评审不公平的现象。

张　羽:"五唯"清理专项行动是肃清传统教育评价体系顽疾的有力举措,对于建设新时代教师队伍,纠正学术不端、学历造假等不良风气有着重要的意义。教育评价应注重标志性成果的质量、贡献、影响,注重在某一领域内研究的深度和广度,避免盲目追求所谓的热点、为追求立项而研究等行为。

陈庆文:评价一直是高校发展中的一个大难题,不管是教学评价还是人才评价。高校要彻底清理"五唯",扭转不科学的评价导向,就要在诸多方面下功夫,寻求问题的解决之道。比如在职称评审过程中,要注重平衡论文发表和教学贡献,改变"唯论文"的评价取向。

🔓 贺祖斌点评

习近平总书记在 2018 年全国教育大会上强调,要克服"唯分数、唯升学、唯文凭、唯论文、唯帽子"的顽瘴痼疾,从根本上解决教育评价指挥棒问题。习近平总书记用"顽瘴痼疾"一词一针见血地指出了我国教育评价长期以来存在的历史遗留问题,揭示了我国教育评价中存在的"痛点"。实际上,无论是"分数"还是"文凭",无论是"论文"还是"帽子",都只是在教育评价过程中需要考虑的评价要素,若是过分强调某一要素,就会导致价值观的扭曲,其影响对于整个高等教育的发展都是非常不利的。"高校对于社会的最大贡献,不在于它能拉动 GDP 几个百分点,也不在于它能发表多少篇 SCI 文章,而在于其人才的培养质量,尤其是要看它的毕业生为国家和社会做出了多大贡献。"

我认为,当前在我国高等教育领域存在着教育评价导向不科学、价值取向失衡的问题,主要包括人才培养与科学研究的失衡、数量与质量的失衡、国际化与民族化的失衡以及共性与个性的失衡。改变当前教育评价制度中存在的价值失衡问题,走出教育评价的误区,这并不是一朝一夕就能够完成的。评价体制改革是一个多方利益长期博弈的过程,仅仅在原有的评价制度基础上进行叠加与修补是远远不够的。要想彻底地清理"五唯",扭转不科学的教育评价导向,应将改革的重心放在重构评价体制上,坚持党对教育事业的全面领导,在全社会的共同努力下,构建具有新时代特色的高等教育评价体制。

相关阅读

"五唯"清理行动进行时

1.清理目的

深入学习习近平总书记在全国教育大会和 2018 年两院院士大会上的重要讲话,深化高校体制改革,健全立德树人落实机制,扭转不科学的教育评价导向,推行代表作评价制度,注重标志性成果的质量、贡献、影响。

2.清理范围

认真梳理本校涉及项目评审、人才评价、机构评估事项,如职务职称晋升、项目基地评审、重点建设学科确定、人才培养指标分配等方面。对照"五唯"表现逐项检查。对涉及"五唯"问题的事项要深入分析问题根源,研究提出整改措施和意见建议。

3.清理方向

单位内部管理文件;各类考核评价条件和指标,具体表现形式包括但不限于评价指标体系、评价手册、评审细则等;有关管理信息系统和工作表格。

——摘自:教育部网站 2018 年 11 月 8 日

2018

事件**9**

西湖大学：

开创高等教育办学体制改革之先河

🕐 事件回顾

2018 年 2 月,教育部发布关于同意设立西湖大学的函,函中明确西湖大学是由社会力量举办、国家重点支持的新型研究型高等学校,学校从举办研究生教育起步,适时开展本科生教育,全日制在校生规模不超过 5000 人。西湖大学按照高起点、小而精、研究型的办学定位,集聚一流师资,打造一流学科,培育一流人才,产出一流成果,为我国高等教育体制机制改革创新,建设高水平研究型大学做出积极贡献。

【来源:教育部网站 2018 年 3 月 20 日】

👥 集体讨论

谢明明:当前对于民办高等教育的政策支持依然不足,民办高校的生存处境依然不容乐观。西湖大学的成立是对民办高等教育办学模式的一次大胆探索。

张　羽:可以看出,国家对各级各类学校办学的指导意见:一是引导各级各类学校各安其位,办出特色,办出水平,为经济社会发展服务;二是鼓励支持民办教育的发展,鼓励民办教育探索新的发展路径,支持民办教育在办学模式上大胆创新;三是探索办学新路径,转变理念,转变由国家或单一主体办学的模式,探索社会办学的多种路径,为实现高等教育普及化打下坚实基础。

陈　洋:西湖大学作为一所民办研究型大学,开创了人才培养新模式,可以说它是中国培养研究型顶尖人才的实验基地。西湖大学的师资力量由一批国内外优秀学者、专家组成。西湖大学在管理模式、人才培养理念、办学资金来源等方面充分体现了其创新精神和积极探索的勇气,可以说是"第一个吃螃蟹的人"。我们期待西湖大学最终能够成为我国高等教育改革的典范。

李　响:西湖大学作为我国历史上第一所现代化、研究型的民办大学,获得教育部的支持,这在我国高等教育史上有着开创性的意义。西湖大学的设立突破了体制的束缚,不知它今后的发展能否真正创造卓越、引领我国高等教育的学术研究。

苏家玉:西湖大学的成立引人关注,不仅在于它的高起点,还在于它的新理念,如不以营利为目标、不划分行政级别、采取聘用制以及拥有自主权的校长负责制等管理理念。其精英教育理念也是对高等教育大众化理念的补充。

陈庆文:办好一所大学,不仅与学校内部的人力、物力以及相应的制度等密切相关,也与大学的外部环境密切相关。西湖大学是一所新建的学校,没有传统观念的羁绊,没有传统体制机制的影响。若干年后,西湖大学的成长或许能成为我国高等教育改革的典范。

🔓 贺祖斌点评

高等教育内涵式发展是我国新时代高等教育改革与发展的主要任务。推进内涵式发展,有多条路径可供选择,其中高等学校分类发展是重要落脚点之一。《国家教育事业发展"十三五"规划》提出,优化教育结构,推动高等教育分类发展。《关于深化教育体制机制改革的意见》也明确要求不同类型的高等学校要探索适应自身特点的培养模式,"研究制定高等学校分类设置标准,制定分类管理办法,促进高等学校科学定位、差异化发展"。可见,高等学校分类发展是优化高等教育结构、推动高等教育内涵式发展、实现高等教育强国的必然要求。

目前,推行我国高等学校分类发展已从政策倡导进入具体实践阶段。推动不同类型高校合理定位、特色发展成为解决高等学校分类发展问题的关键。为优化高等教育结构、促进高等教育内涵式发展，各地开始进行高校分类、特色发展的实践探索。2018年成立的西湖大学，以博士研究生培育为起点，致力于高等教育和学术研究，培养复合型拔尖创新人才，是"双一流"建设契机下的产物，有利于优化高等教育的结构，吸引和培养世界一流人才，提升创新引领能力。此类新型大学的崛起将推动我国高等教育的发展。除此之外，深圳技术大学的成立也值得我们关注，它是一所本科层次普通高校，定位于应用型高等学校，主要培养区域经济社会发展所需要的应用型、技术技能型人才。实现高校分类发展，不仅需要研究型高校，而且还需要应用型高校和职业技能型高校，更需要各类型高校合理定位，不断探索，彰显特色。我们期待着此类新型大学获得更好的发展。

📖 相关阅读

西湖大学目标愿景

我们期望，十年、二十年以后，在浙江杭州，有一所在世界上备受尊崇的、立足中国大地而又充满中国特色的高等学府——西湖大学。这里，将拥有世界上最杰出的一批科学家，培养最优秀的青年人才，从事最尖端的基础和应用研究，探索适合中国国情的科研教育体制机制，为中国的高科技可持续发展提供强大的引擎和支撑，为世界文明做出无愧于中华民族的贡献！

（施一公）

——摘自：西湖大学官方网站

事件10

学术不端：

"南大教授论文被撤事件"曝光

🕐 事件回顾

2018 年 10 月 24 日,《中国青年报》曝光了拥有众多学术头衔的南京大学社会学院教授梁莹的学术不端问题。梁莹不仅涉嫌论文抄袭、一稿多投,而且教学态度不端正。南京大学社会学院官网的资料显示,梁莹系该院社会工作与社会政策系教授、博士生导师,是教育部"长江学者奖励计划"入选者。

【来源:《中国青年报》2018 年 10 月 24 日】

👥 集体讨论

罗惠君:"梁莹事件"曝光,不仅折射出教师学术不端的现象,而且揭露了"唯论文"人才评价的弊端。高产论文的背后采用的却是投机性质的发表方式。目前,高校多以发表论文的数量作为评价学者学术水平的标准,作为教师职称评定的标准,其中涉及太多的现实利益,导致了"论文崇拜"的现象。"梁莹事件"再次告诉我们:教师的考评不应只看其学术水平,师德师风更应成为考评的重要内容。

谢明明:"梁莹事件"至少反映了学术期刊对于论文的审稿不严、各种称号的人才评审重形式不重内容这两方面的问题。因此,对论文和人才的评审,应该更多关注思想内容和学术贡献,否则,类似现象依然会重现。

陈庆文:每年被曝光的学术不端当事人也都受到了严厉的惩罚,但是这似乎还无法遏制住这一股风气。我认为最重要的还是评价机制问题。在高校,职称的评定最重要的指标就是论文,而且很多大学实行了"非升即走"的制度,让大学教师的科研压力倍增。在这样的学术生态环境中,难免有人铤而走险。机制改革可能是消除学术不端的最终法宝。

游晶晶:学术不端问题是我国学术界长久以来存在的一大"痛点","梁莹事件"的曝光为我国广大科研工作者敲响了警钟。我认为预防学术不端的措施不应只是事发后对学术失范者进行惩处,更重要的是要从源头下功夫。例如,改变考核评价导向,健全科研管理制度,完善学术治理体系。

张　羽:我们应该重视教师队伍中存在的问题,积极整改,同时也要避免因个别现象就对教师整体队伍全盘否定,应从自身做起,维护教师的权威性和教师的尊严。

苏家玉:大学教师学术不端、行为失范的事件不断出现。反思其原因,一方面在于教师自身职业道德失守;另一方面也在于对教师的管理不力。教师行为准则的颁布与实施,有助于促进师德师风建设。

🔓 贺祖斌点评

学术不端现象在以前年度的高等教育十大事件遴选中出现了几次,可见这已经成为学术界关注的一个问题。学术不端的问题潜藏着思想道德、评价制度等多方面的问题,其中,从评价制度角度来看,与"唯论文、唯帽子、唯职称、唯奖项、唯学历"以及奖惩制度不完善不无关系。教师是大学精神的传承者,也应是践行大学精神的领路人。我多年前读过《蔡孑民先生言行录》,对其中的内容感触颇多。蔡元培提出"学术研究为立校之根本",他反复强调大学是教师和学生"共同研究学术之机关"。蔡元培通过选聘真才实学的教员和淘汰一批不称职的教员的方式,让教师队伍保持其优秀、年轻和先进性。蔡元培在任时的北京大学是名师汇集之地,不仅学术焕发新生,这批名师的治学精神、师德风范也激励了许多学生。

经过百年的发展,昔日"不重资历而注重学识、不重头衔而注重师风的选师标准"已然发生改变。在当下"双一流"建设背景下,各大学十分重视师资队伍建设,出台一系列制度,投入大量资金引进和培养人才,但引进的"高层次人才"和"高水平人才"是以取得博士学位,入选"杰出青年""千人计划"等为标准进行遴选的。一些大学过度偏重对学历、职称、学术成果的考察,或重学历轻能力,或迷信名牌大学,而对道德、人文素质、心理、发展潜质、学科忠诚度等方面的考核存在不足,对成果的评价指标化、数量化,特别是出现"SCI泛化"现象。这种简单、量化的评价体系,与当下学术不端、师德失范的现象紧密相关。

在我看来,要遏制学术不端行为,不仅要从思想上加以引导,树立诚信意识,加强道德建设,而且还要从完善制度建设的角度去推进,用制度保障学术规范。首先,要转变以论文为导向的高校评审制度和评价机制,重视定量分析的同时也要注重定性分析,重视科研能力的同时也要注重创新能力,重视对成果评价的同时也要注重对道德的考量;其次,要转变处理学术不端行为的方式,引入第三方或组建更加权威的管理机构,对学术不端行为进行审议和认定,彰显处理结果的权威性和公正性;最后,要加强对学术不端行为惩戒制度的建设,提高学术不端的犯错成本,拉紧维护学术道德和学术规范的警戒线,严厉打击学术不端行为,从而为学术健康发展营造良好的制度环境。

📖 相关阅读

新时代高校教师职业行为十项准则

1.坚定政治方向。坚持以习近平新时代中国特色社会主义思想为指导,拥护中国共产党的领导,贯彻党的教育方针;不得在教育教学活动中及其他场合有损害党中央权威、违背党的路线方针政策的言行。

2.自觉爱国守法。忠于祖国,忠于人民,恪守宪法原则,遵守法律法规,依法履行教师职责;不得损害国家利益、社会公共利益,或违背社会公序良俗。

3.传播优秀文化。带头践行社会主义核心价值观,弘扬真善美,传递正能量;不得通过课堂、论坛、讲座、信息网络及其他渠道发表、转发错误观点,或编造散布虚假信息、不良信息。

4.潜心教书育人。落实立德树人根本任务,遵循教育规律和学生成长规律,因材施教,教学相长;不得违反教学纪律,敷衍教学,或擅自从事影响教育教学本职工作的兼职兼薪行为。

5.关心爱护学生。严慈相济,诲人不倦,真心关爱学生,严格要求学生,做学生良师益友;不得要求学生从事与教学、科研、社会服务无关的事宜。

6.坚持言行雅正。为人师表,以身作则,举止文明,作风正派,自重自爱;不得与学生发生任何不正当关系,严禁任何形式的猥亵、性骚扰行为。

7.遵守学术规范。严谨治学,力戒浮躁,潜心问道,勇于探索,坚守学术良知,反对学术不端;不得抄袭剽窃、篡改侵吞他人学术成果,或滥用学术资源和学术影响。

8.秉持公平诚信。坚持原则,处事公道,光明磊落,为人正直;不得在招生、考试、推优、保研、就业及绩效考核、岗位聘用、职称评聘、评优评奖等工作中徇私舞弊、弄虚作假。

9.坚守廉洁自律。严于律己,清廉从教;不得索要、收受学生及家长财物,不得参加由学生及家长付费的宴请、旅游、娱乐休闲等活动,或利用家长资源谋取私利。

10.积极奉献社会。履行社会责任,贡献聪明才智,树立正确义利观;不得假公济私,擅自利用学校名义或校名、校徽、专利、场所等资源谋取个人利益。

——摘自:教育部网站 2018 年 11 月 14 日

2018 年度总评

2018 年, 是改革开放 40 周年, 我国高等教育的改革与发展取得了显著成绩, 让人心潮澎湃。从习近平总书记发表"5·2 讲话"到全国教育大会的召开, 从"双一流"建设的持续推进到"新时代高教 40 条"的发布, 从《中共中央　国务院关于全面深化新时代教师队伍建设改革意见》的出台到《新时代高校教师职业行为十项准则》的颁布, 深化高等教育改革的脚步急促而有力。"新时代高教 40 条"和新时代高校教师职业行为规范为推行更加严格的本科教育, 建设更高质量的师资队伍提供了顶层设计和约束力。第四轮学科评估结果的公布和我国第一所民办新型研究型大学——西湖大学的创立, 体现了高等教育的发展, 展示了改革的可喜成果。"五唯"清理和"南大教授论文被撤事件"也提醒我们高等教育改革任重道远。简而言之, 2018 年高等教育总体上是向前发展的, 改革开放 40 年以来, 我国高等教育领域发展稳步前进。

贺祖斌

聚焦"五个卓越"　　加快高校"双一流"建设①

党的十九大报告把建设教育强国提升到中华民族伟大复兴基础工程的高度，强调高校要加快一流大学和一流学科建设，实现高等教育内涵式发展。"双一流"建设为地方高校实现跨越式发展提供了利好政策，"双一流"中的"一流"，强调的是"争创一流"的发展理念，这既是一种水平，又是一种精神和品质追求。高校要抓住机遇，找准定位，聚焦"五个卓越"，加强内涵建设，提升综合实力，在不同层次、不同领域办出特色，争创一流。

一、加强卓越学科建设

聚焦优势学科率先形成突破口，继而由点到面，实现整体卓越发展，是国内高水平大学建设的有效途径。作为地方高校，尤其要在以下方面发力。一是做好学科战略布局。主动适应国家战略需求和地方经济社会发展需求，以提升质量和服务需求为导向，结合学位点合格评估、学科水平评估和专业学位水平评估等行业评价结论，科学调整学科布局，精简学科数目，加快紧缺人才特别是新兴学科、交叉学科人才培养，撤销社会需求不大、办学水平不高的学科专业，构建良好的学科生态。二是打造特色鲜明的学科集群。围绕办学优势，紧贴区域及行业的创新实践，实施以传统优势学科带动相近学科特别是新兴应用学科和交叉学科发展的学科集群发

① 该文发表在《广西日报》，2018年06月21日。

展战略,打破学科、学院间的学术与管理壁垒,推动学科集群内部的交叉融合和资源共享,为学科高地与学科高峰建设奠定基础。三是着力培育学科高峰。围绕学术前沿和国家地方重大发展战略,以学科集群为依托,通过分层次建设,重点突破、以点带面,建设打造一批高峰学科和若干高峰学科方向,并进一步发挥优势学科与培育学科的辐射、示范作用,不断提升学科整体水平。

二、办好卓越本科教育

只有培养出一流人才的高校,才能成为一流大学。办好高水平大学,必须牢牢抓住全面提高人才培养能力这个核心点,并以此带动高校其他工作。一是抓好教学改革。要深化课程体系和教学内容改革,向课堂、科研和管理要质量。注重创新创业教育、通识教育与专业教育相融合,把创新创业教育融入人才培养全过程;加强课程建设,制定学生个性发展课程,打破学科专业壁垒,鼓励学生跨专业、跨学院、跨校际进行课程研修;创新教学方法,引导教师将学科研究成果转化为教学内容,将科研的新观点、新方法、新材料、新手段和新技术等融入课堂教学和实践教学,构建教学和科研协同育人创新机制;加强学校与政府、企事业单位、科研院所的合作,对接好理论与实践、培养与需求,实现资源共享、协同创新、协同育人。二是促进专业改革。要围绕国家战略需求和地方经济社会发展需求,采取增、建、关、停、并等策略,建立高校专业动态调整机制,构建立足定位、展现特色、适应需求的人才培养结构,适应新时期市场对人才的需求。三是重视特色发展。在专业建设中不求大求全,要对接创新发展与产业转型升级要求,突出重点,强化人才培养特色;构建新机制、提供新保障,对重点特色学科专业建设重点扶持,实现自身优势专业和社会发展诉求的良性结合,彰显人无我有、人有我优的核心竞争力。

三、构建卓越师资队伍

大师即是卓越的师资,建设师德高尚、业务精湛、结构合理的高水平创新型师资队伍,是一所大学行稳致远之根本。卓越师资的打造,不是一蹴而就的,而是一个大学历史沉淀与文化赓续之下招贤纳才之路。为此,一要完善高端人才的"引育"机制。设立专项资金,加强学科团队和平台建设,争取在国家级人才的引进和培育方面取得新的突破;加大对高层次人才特别是国家级高层次人才的培育和引进力度,大力引进高水平的外国专家,贯彻"不为所有但求所用"的柔性引进政策,积极利用外智开展好合作研究。二要重视青年教师的培养。实施广西高校千名中青年骨干教师培育计划,积极选送优秀教师到国内外高水平大学或研究机构进修深造,拓宽学术视野;深入企业、科研院所、政府部门等参与研发、工作或学习,提升其专业实践能力和科研成果转化能力;加大对优秀青年教师扶持力度,完善青年教师培养机制。三要打造具有国际化视野的师资队伍。高校内部要建立健全教师海外培养机制,建立起科学的考核体系和激励机制,将赴海外研修情况与职称评聘、科研及教学等考核结合起来,推进实施教师海外研修计划,逐步提高海外访学研究背景教师的比例。

四、营造卓越大学文化

"办大学就是办氛围"。高水平大学的建设,除了硬实力的持续提升外,文化软实力建设也极为关键。一是将社会主义核心价值观的培育和践行融入大学教育的全过程。价值观是文化的内核,要坚持社会主义核心价值观的价值引领,把中华优秀传统文化、革命文化和社会主义先进文化融入学生思想政治工作、师德师风建设和学校制度建设之中,引导师生员工进一步坚定中国特色社会主义道路自信、理论自信、制度自信、文化自信。二是深入挖掘校本文化基因。任何一所大学都有自己独特的历史和办学传统,有自身的精神与品格。大学文化的打造,离不开校史文化精神的挖掘,并深入凝练校本大学精神,建设大学文化品牌集群,从而引导和鼓励各具特色的校史文化、院系文化、网络文化、社团文化和校友文化建设,增强师生、校友对校园文化的情感认同与自信。三是有力拓展学校文化的辐射力。大学从来不是孤立于社会而存在的,而是在引领与辐射中不断前行。因此,要加强大学文化与社区文化的共建共享,做强学校文化产业,并以此为推手推动文化"走出去",促进校地文化融合发展,讲好大学故事、中国故事,提高大学文化引领力。

五、提供卓越社会服务

建设国内高水平大学,必须坚持面向国家和区域发展战略,坚持问题导向,为国家和地方发展提供卓越的服务。一要推动大学内部各种科研要素跨学科、跨校、跨区域、跨部门、跨境、跨国协同创新,重点建设若干在国内有重要影响,在研究和解决重大科技问题、理论问题和现实问题上具有较强实力的科研创新合作平台,聚集和培养一批拔尖创新人才,培育形成若干个"国内一流、特色鲜明"的学科团队,发挥人才的智力源作用。二要围绕经济社会发展中的重大现实需求,强化对区域战略性、全局性、前瞻性问题的策略应用研究,建设具有基础理论研究、战略性前瞻性研究、舆论引导、决策咨询等职能和功能的高校新型智库。如着力服务"一带一路""北部湾经济区""珠江—西江经济带"等国家和区域发展战略,打造特色优势智库。同时,加强大学内部各类研究平台的建设管理,建立健全社会服务绩效评价机制,并将其纳入学校的办学质量评价体系,发挥政策的正向激励作用,全面提升学校服务区域经济社会发展和创新驱动发展的能力。三要坚持优势互补、资源共享、校地互动、合作共赢的原则,尤其是应用型大学,要强化服务地方经济社会发展,校企合作、产教融合,应用型、技术技能型人才培养和增强学生就业创业能力,全面提升学校服务区域经济社会发展和创新驱动发展的能力,走产学研用相结合的强校之路。

2019
成就与治理

2019 年,我们筛选、梳理出高等教育领域十大事件:新中国成立70 年,中国高等教育取得令人瞩目的成就;《中国教育现代化 2035》印发,面向教育现代化进行了中长期规划,开启了中国高等教育现代化的新征程;深化高校思政课改革,以习近平新时代中国特色社会主义思想铸魂育人;"双万计划"聚焦于提升高校本科教育质量,是对高校"双一流"建设的延展和深化;《国家职业教育改革实施方案》印发,高职扩招 100 万人、"双高计划"实施等多措并举,推动了我国高等职业教育实现高质量发展;《中华人民共和国高等教育法》(以下简称高等教育法) 实施 20 周年,完善高等教育法治化建设是提升国家治理体系和治理能力现代化的重要内容;各国达成《北京共识》,人工智能为新时代高等教育的发展带来挑战和机遇;赋予高校更大科研管理自主权,营造良好的科研创新环境;国家支持建设高校校园实体书店,推进书店与校园文化相结合;高校集中清退学生引发热议,"严进宽出"的大学时代或将终结。通过梳理这十大事件,并从不同角度对各大事件进行多方面的评析,从而多维度地呈现了 2019 年我国高等教育改革的前沿动态,回顾和思考了我国高等教育发展的轨迹。①

2019 年度中国高等教育十大事件关键词:

壮丽 70 年、面向 2035、高校思政课、"双万计划"、扩招 100 万人、高等教育法、人工智能、科研管理自主权、实体书店、高校清退

---

① 本期主持贺祖斌,课题组成员:游晶晶、李响、蒲智勇、陈庆文、黄令、潘杰宁、杨婷婷、李娜、张羽、苏家玉、陈洋、罗惠君、何俊生、黄春蕾、王家好。

事件 **1**

壮丽 70 年：
我国高等教育成就举世瞩目

事件回顾

新中国成立 70 年来,在党的坚强领导下,中国高等教育面貌焕然一新,取得举世瞩目的成就。70 年来我国高等教育在校生人数从 11.7 万人发展到 3833 万人,从"一五"期间输送毕业生不到 5 万名到如今已为国家培养了亿万名高素质专门人才,我国高校在全球的排名位次整体大幅前移,产出了一批具有国际影响力的标志性成果。高等教育大发展,有力推动了创新型国家建设,推动了国家战略有效实施,促进了经济社会快速发展。

【来源:教育部网站 2019 年 9 月 29 日】

集体讨论

李　娜:从几个数据可以看出我们的发展成就:1949 年,我国在校大学生 11.7 万人,发展到 2018 年,已达 2831 万人;高校数从 1949 年的 205 所,发展到 2018 年的 2663 所;毛入学率从 1949 年的 0.26%,发展到 2018 年的48.1%。70 年来,我国高等教育规模成为世界第一。同时,高等教育质量和水平也在不断提升,在许多领域创造了大批基础研究和科技创新成果,为我国培养了大批优秀人才。

潘杰宁:新中国 70 年的发展,背后离不开中国高等教育的有力支持。从 1952 年院系调整到"211 工程""985 工程"再到面向未来的"双一流""双高"建设,中国高等教育一次次与国家建设和经济腾飞协调发展,很好地体现了教育与经济之间的关系。随着中华民族伟大复兴梦的逐步实现,中国高等教育也必将屹立世界、影响全球。

杨婷婷:回顾中国高等教育走过的 70 年历程,可谓壮丽多彩。颁布并实施高等教育法,开启高等教育改革,从外延式扩充到内涵式发展,对外交流从跟跑、陪跑到并跑、领跑,各个方面都说明中国高等教育在曲折中不断进取,实现了从精英化到大众化再到普及化的过渡。

张　羽:在我国高等教育取得举世瞩目成就的同时,我们仍会听到一些关于高等教育规模扩张带来系列问题的议论。个人认为,任何新举措、新措施都有其不完善的地方,规模扩张是高等教育发展的必经之路,我们不能因为问题的出现而轻易否定我们的路线。

游晶晶:我国的高等教育在新中国成立后经历了恢复、停滞、改革、创新的发展历程,70 年风雨兼程,走出了一条具有中国特色的社会主义高等教育发展道路,取得了令人瞩目的成就。70 年的经验与成绩告诉我们要树立道路自信,扎根中国大地办教育,发展具有中国特色、世界水平的现代高等教育。

🔓 贺祖斌点评

新中国成立 70 年来,我国高等教育的建设和发展经历了多个重要历史事件和时间点,影响着我国高等教育强国路径的演变。1952 年开展院系大调整,新中国高等教育体系的格局基本形成;1958—1976 年,高等教育受到严重破坏;1977 年恢复高考,我国的人才培养重回健康发展轨道;1995 年和 1999 年,我国正式启动"211 工程"和"985 工程",我国高等教育整体实力和竞争力显著增强,建设高等教育强国的条件逐渐成熟;从 1999 年开始,高等教育扩招,我国高等教育从精英化阶段进入大众化阶段,2019 年将提前进入普及化阶段;近年来,我国持续推进"双一流"建设,出台《中国教育现代化 2035》等纲领性文件,这标志着建设高等教育强国作为国家战略有了清晰的路线图和时间表。

2019 年 7 月,我于《中国高等教育》杂志发表专栏文章,分享了对新中国成立 70 年来中国高等教育强国路径演变及其建设方略的思考。我认为,70 年来中国高等教育强国的建设方略可归纳为以下几点。第一,建设高等教育强国的主体目标是办中国特色社会主义大学,这是新时代中国高等教育发展的价值引领和力量支撑。扎根中国大地办大学,理直气壮地高举中国特色社会主义的旗帜,用习近平新时代中国特色社会主义思想推动高等教育现代化发展。第二,建设高等教育强国的重要遵循是贯彻落实"九个坚持",即坚持党对教育事业的全面领导,坚持把立德树人作为根本任务,坚持优先发展教育事业,坚持社会主义办学方向,坚持扎根中国大地办教育,坚持以人民为中心发展教育,坚持深化教育改革创新,坚持把服务中华民族伟大复兴作为教育的重要使命,坚持把教师队伍建设作为基础工作。这"九个坚持",揭示了新时代中国特色社会主义教育发展规律,对高等教育强国建设的战略布局尤为重要,也是高等教育改革与发展的基本遵循。第三,建设高等教育强国的根本任务是立德树人。建设高等教育强国必须围绕将立德树人的成效作为检验学校一切工作的根本标准,将立德树人内化到大学建设和管理各领域、各方面、各环节,做到以树人为核心,以立德为根本,坚守和履行中国特色社会主义大学的历史使命和职责。

2019

事件**2**

面向 2035：

开启高等教育现代化新征程

事件回顾

2019 年 2 月，中共中央、国务院印发了《中国教育现代化 2035》，作为推进中国高等教育现代化发展的顶层设计文件，聚焦教育发展的突出问题和薄弱环节，立足当前，着眼长远，系统勾画了我国教育现代化的战略愿景，明确教育现代化的战略目标、战略任务和实施路径，是我国第一个以教育现代化为主题的中长期战略规划，为我国高等教育现代化建设开启了新的征程。

【来源：新华网 2019 年 2 月 23 日】

集体讨论

蒲智勇：面向 2035，我国高等教育发展将重点关注以下几个方面：持续推进"双一流"建设；加快高等院校的分层分类和结构优化；加大高等教育投入；全面提高质量，促进公平；加快高等教育信息化建设，大力提升高等教育的信息化水平；深化教育教学改革；培养适应新时代要求的人才；深化体制机制改革；等等。期待高等教育现代化能够首先关注人才培养现代化,真正实现培育人才和服务人民相统一。

陈　洋:教育现代化从本质上理解应该是人的现代化。首先,教师应该建立现代化的教学思维和教育理念,拥有国际化视野,不断充实专业知识,提升专业水平,做学生学习和研究的引导者、合作者;其次,学校管理人员应该实现管理思维现代化,传统的人事管理应向人力资源管理转变,这是教育现代化的根本。

潘杰宁:一系列文件的出台引起了我的思考:在转变政府职能、倡导管办评分离、提升学校治理能力的大背景下,如何处理好一系列政策文件与学校自主办学的关系呢?

游晶晶:实现高等教育现代化,就要完善中国特色现代大学制度,推进高等教育治理体系、治理能力现代化。首先要依法治校,依照各高校已制定的章程办学,加强对大学章程实施成效的研究是当前我国高等教育现代化发展的迫切要求。

何俊生:强调现代化终身教育体系,意味着终身教育的产业链会延长,政府政策的引领与市场作用的结合,也将是我国经济新的增长点。终身教育的管理应以放管服的理念,推动管理结构的扁平化,推进家庭教育、学校教育、社会教育的深度融合。

黄春蕾:我国高等教育即将从大众化阶段迈向普及化阶段,但我们也要看到高等教育发展水平在各地区之间仍然不均衡。想要实现高等教育竞争力明显提升这一发展目标,协调各地区发展与突出各地区优势极为重要。

🔓 贺祖斌点评

2019年,中共中央、国务院发布《中国教育现代化2035》,这是我国第一个以教育现代化为主题的中长期发展战略规划,从战略背景、总体思路、战略任务、实施路径、保障措施五个方面为推进我国教育现代化提供了思路方略,明确了推进教育现代化的基本原则和基本理念,聚焦突出问题和薄弱环节,重点部署了面向教育现代化的十大战略任务。高等教育现代化之路应该如何走,并未有人给出既定答案。从理论上讲,高等教育现代化需要经历教育观念、教育制度及教育行为三个方面渐次推进的连续变化,从现代化教育观念的确立到制度保障再到外化为具体教育行为。但就现实而言,高等教育现代化往往是一个由表及里的试错过程,理应最先确立的现代化教育观念往往最后完成,而现代化的教育行为反而最先被模仿和学习。因此,高等教育现代化重点是人的现代化,核心是理念的现代化。《中国教育现代化2035》系统提出了八个"更加注重"的基本理念,即以德为先、全面发展、面向人人、终身学习、因材施教、知行合一、融合发展、共建共享。高等教育战线落实这八大理念的落脚点就是在坚持立德树人的前提下,改革人才培养模式,优化人才培养结构,加大应用型、复合型、技术型人才培养比重。现代化除了理念、制度和行为的现代化外,还应该涵盖教育结构的现代化。我曾在《面向2035:广西高等教育发展战略思考》一文中提出,面向2035,高等教育的发展要正确处理好发展战略与具体举措的关系,重点处理好规模与质量、结构与效益、一流与特色、本土化与国际化、科技与人文、公办与民办、发展与规划等几个关系。同时,从关注人的发展到实现全员、全过程、全方位的发展,进一步推进高等教育内涵式发展,进而真正实现高等教育的现代化。

相关阅读

面向未来的现代终身教育体系应该是"四高教育"

第一,应该是建立在普及高中阶段教育基础上的高级阶段教育。

第二,应该是建立在高等教育普及化基础上的高水平教育。

第三,应该是实现时时处处人人、随时随地随心的高质量教育。

第四,应该是建立在"互联网+""智能+"等新技术、新方法、新形态基础上的高阶性教育。

——摘自:《中国教育报》2019年12月6日

2019

事件3

高校思政课：

以习近平新时代中国特色社会主义

思想铸魂育人

🕐 事件回顾

　　3 月 18 日,习近平总书记主持召开学校思想政治理论课教师座谈会并发表重要讲话,他强调用新时代中国特色社会主义思想铸魂育人,贯彻党的教育方针、落实立德树人的根本任务。8 月,中共中央办公厅、国务院办公厅印发的《关于深化新时代学校思想政治理论课改革创新的若干意见》全面阐述了新时代学校思想政治理论课改革创新的重要意义和总体要求,并从教材体系建设、教师队伍建设、课程质量建设及加强党的领导等多方面做了全面部署。

【来源:中国政府网 2019 年 8 月 14 日】

👥 集体讨论

　　杨婷婷:高校思政理论课不仅是对大学生进行系统的思想政治教育的主渠道和主阵地,也是对大学生进行素质教育的重要途径,因此高校思政理论课程创新有着重要意义。创新应该注重教学内容的与时俱进,注重教学方法和手段的革新,注重课堂教学与社会实践、学生成长的结合。

罗惠君：深化大中小学思政课一体化，全面提升学生思想政治理论修养，实现知、情、意、行的统一，推动思想政治理论课改革创新尤为重要。改变传统思政课堂的枯燥乏味，让课堂教学生动活泼，更贴近生活实际和社会现实，从而发挥学生的主体作用，在教育灌输和潜移默化中，引导学生树立正确的世界观、人生观、价值观。

黄　令：在教师层面，坚持培养高素质专业化思政课教师队伍，在选配、培训、评聘、奖励等方面全面倾斜支持，积极为这支队伍成长发展搭建平台、创造条件。这些举措将对我国高等教育课程建设和人才培养模式创新产生深远的影响，使我国高等教育体系的中国特色和中国风格愈加鲜明。

苏家玉：思政课走上了改革创新的发展之路，体现为思政课内容的深化和创新。很多大学推出的精品思政课程，打破了思维的限制，使育人课程走出教室、与生活和实践相结合。方式与内容的创新是思政课发展的有力支撑。

蒲智勇：思政课是落实高校立德树人根本任务的关键课程，思政课教师在推进思政课改革创新中起到了不可替代的作用。《关于深化新时代学校思想政治理论课改革创新的若干意见》从改革评价机制到加大激励力度，从壮大师资队伍到提高教师素养，相关政策福利向思政课教师倾斜，振奋和鼓舞了高校思想政治工作者，在数量和质量上保障了思政课教师队伍的发展。

王家好：过去学生印象中枯燥、深奥的思想政治理论课如今也要换"新装"了，这次的"创新"是改革的关键点，关系学生"学"、教师"教"，最终要的是直接影响思政课的改革效果，调整教师教授方法与内容，打造与学生学情相适应的思政课，进而激发师生的主动性和创造性。

🔓 贺祖斌点评

长期以来高校思政课改革是教学改革中的重点和难点，这次习近平总书记专门主持召开学校思想政治理论课教师座谈会并发表重要讲话，可见中央的重视程度之高。出台的意见从微观上论述了课程内容、教材体系、教师队伍建设三方面内容，切实可行，为思政课创新指明了方向，对提升我国青年道德修养和政治素养，用爱国主义武装头脑具有重要指导作用。

针对思政课改革创新问题,我想谈以下几点认识。第一,要坚定不移地坚持党对思政课改革的领导,做好课程改革的顶层设计,真正培养德智体美劳全面发展的社会主义建设者和接班人。第二,要坚持马克思主义理论指导,并将之与中国实际问题相结合形成一系列马克思主义中国化理论成果,使其符合培养中国特色社会主义合格建设者和可靠接班人的要求。第三,要坚持理论与实践相结合,过去思政课存在"满堂灌"现象,教育的根本目的并没有完全实现,因而要结合当代青年的心理特征,使思政课教学更加多样化。第四,鼓励创新探索,广西师范大学从 2015 年开始,在汲取既有教学成果的成功经验基础上,启动了教学新模式的探索建设,把网络元素和多元评价方式纳入考核,逐步探索出了"课堂专题教学+课外自主研修+网络自主学习+多元教学评价"的"四位一体"教学模式,值得借鉴。第五,思政课教学可以探索不同形式,如开展各种社会实践活动,运用互联网等技术,提升学生的课堂参与度,提高学生学习积极性,生成以学生为主体的、有魅力的思政课堂,提升课堂"三率",即到课率、抬头率和点头率。另外,当代大学生特别关注国家、国际时事,教师要与时俱进,从学生感兴趣的话题点切入,引导学生从思政理论出发评析时政要点,提高学生的政治理论水平,培养学生的爱国情怀,生成有思想、有温度的思政课堂。

📖 相关阅读

习近平总书记对思政课改革创新提出坚持八个"相统一"的要求。

——坚持政治性和学理性相统一。

——坚持价值性和知识性相统一。

——坚持建设性和批判性相统一。

——坚持理论性和实践性相统一。

——坚持统一性和多样性相统一。

——坚持主导性和主体性相统一。

——坚持灌输性和启发性相统一。

——坚持显性教育和隐性教育相统一。

——摘自:新华网 2019 年 3 月 19 日

2019

事件**4**

"双万计划"：

推动高校本科教育质量提升

🕐 事件回顾

　　为落实"以本为本""四个回归""新时代高教 40 条"有关规定，教育部于 2019 年 4 月发布《关于实施一流本科专业建设"双万计划"的通知》，计划于 2019—2021 年面向 92 个本科专业类，建设 10000 个左右国家级一流本科专业点和 10000 个左右省级一流本科专业点。此次建设面向各类高校、全部专业，突出示范领跑，以期引领带动高校优化专业结构、促进专业建设质量提升，推动形成高水平人才培养体系。

【来源：教育部网站 2019 年 4 月 4 日】

👥 集体讨论

　　陈庆文：由于政策执行场域的变化，可能出现不同场域政策目标的非一致性；由于项目制的功利主义导向，可能出现一流本科建设整体目标的裂解。因此，"双万计划"从政策文本到政策落实，关键是要使高校真正成为执行主体，切实整合专业教育资源，使实施过程成为建设过程。

　　黄　令：专业是人才培养的基本单元，课程是人才培养的核心资源。针对本科专业和课程的"双万计划",实施力度空前,覆盖面广,将促进国家层面、省级层面和高校校级层面加大对本科专业、课程的资源投入,也将促使高校和教师将更多精力投入到本科教育中,从而提升课堂教学质量和本科人才培养质量。

李　娜:一流本科专业建设"双万计划"与以往国家实施的"特色专业""精品课程"建设项目有所不同,我认为其特点主要体现在四个方面:一是高度重视立德树人全过程;二是主动适应新科技革命和产业变革,体现多学科、跨专业思维融合;三是有利于地方高校资源建设的公平竞争和特色发展;四是体现了"学生中心、产出导向、持续改进"的基本理念,建立健全专业质量保障机制和课程"两性一度"的建设标准。

李　响:一流本科课程建设关键在教师,因而对教师提出了更高的要求:教师要全程参与教学研究、集体备课、课程设计等过程,并要不断优化知识结构、创新教学方法、更新教育理念,将培训和考核常态化。在这一过程中,教师的教学能力和职业发展水平将得到提升。

游晶晶:我比较关注一流本科专业建设"双万计划",这个计划的启动,给地方本科院校带来了发展机遇,从高等教育专业配置不平衡的实际出发,给予了地方本科院校政策性倾斜待遇,引导其筛选出本校的优势特色专业,集中资源做精做强,在学校其他专业的发展中充分发挥优势特色专业作为"发展极"的辐射带动作用。

何俊生:"双万计划"有助于解决高校间发展不平衡的问题,但也可能会导致高校内专业发展的不平衡,优势专业与其他专业形成"阶层固化"将导致"马太效应"。引导优势专业和其他专业发展的良好走向,平衡经费开支,做好一流专业的评价和管理,赢得公信力等,都是"双万计划"之后要实现的。

🔓 贺祖斌点评

2018 年 6 月召开的新时代全国高等学校本科教育工作会议提出:"人才培养是大学的本质职能,本科教育是大学的根和本。"2019 年 4 月,教育部正式发布《关于实施一流本科专业建设"双万计划"的通知》。"双万计划"是对高校"双一流"建设的一种深化和延续,不同于"双一流"建设对宏观的、综合性的偏好,"双万计划"更聚焦于微观具体的专业和课程。一流本科专业建设以一流课程体系的建设作为基础,课程体系的建设要多样化、合理化、科学化。课程体系的优化能够推动专业建设进而推动高等教育整体协同发展。

对于"双万计划"的实施,我认为有几个方面值得注意。一是"双万计划"是落实全国高等学校本科教育工作会议精神的一项具体措施,旨在建设具有中国特色的一流本科专业体系,构建符合学生发展规律的课程体系,优化育人培养方案,专业的建设和课程的设置要落实到人的培养之中。二是"双万计划"是高等教育内涵式发展的一个重要内容,以本科专业体系和课程体系的建设为推手,自下而上推动中国高等教育现代化的发展,进而推进国家治理体系、治理能力现代化。三是"双万计划"对地方高校的政策倾斜,一方面是在平衡教育资源配置,扭转高等教育发展失衡的局面;另一方面意在鼓励地方高校的发展能结合国家的发展,协同推进教育高质量高水平发展。李克强总理在 2019 年政府工作报告中指出,要"发展更加公平更有质量的教育"。在高等教育内涵式发展进程中,如何把握质量与公平的尺度仍是我国高等教育现代化过程中需要注意的问题。

相关阅读

教育部拟认定逾 1.6 万门"金课"

《关于一流本科课程建设的实施意见》明确提出,经过三年时间,将建成万门左右国家级和万门左右省级一流本科课程。同时发布《"双万计划"国家级一流本科课程推荐认定办法》,提出从 2019 年到 2021 年,将完成 4000 门左右国家级线上一流课程(国家精品在线开放课程)、4000 门左右国家级线下一流课程、6000 门左右国家级线上线下混合式一流课程、1500 门左右国家虚拟仿真实验教学一流课程、1000 门左右国家级社会实践一流课程认定工作。一流本科课程"双万计划"将覆盖所有类型高校、所有类型课程,着重解决本科教学基础地位不够牢固,不同类型高校课程体系同质化、课程质量不高、教学方法单一等问题,推动我国本科教育质量整体提升。

(徐虹)

——摘自:中国网 2019 年 10 月 31 日

事件5

扩招 100 万人：
高等职业教育迎来发展东风

🕐 事件回顾

3月5日,李克强总理在政府工作报告中提出高职院校扩招100万人。4月30日,国务院常务会议通过了《高职扩招专项工作实施方案》。目前,百万扩招录取工作基本结束,人才培养有序进行。高职扩招是党中央、国务院做出的战略部署,是落实《国家职业教育改革实施方案》的重要举措,开创了我国高等职业教育发展的新路径。

【来源:《法治日报》2019年12月25日】

👥 集体讨论

陈庆文:2019年我国高职扩招100万人,达到460万人的招生规模后,成为高等教育普及化的"临门一脚",直接推动我国高等教育迈入普及化阶段。高职扩招不仅要改革招生制度,而且还要大力改革办学、教学体制,更要大力改革职业院校的管理体制机制,包括人事制度、工资制度、激励机制等。

张 羽:此次扩招鼓励更多的退役军人、下岗职工和农民工等报考,这几类人群中有代表着不同类型企业、行业的人,也有拥有丰富工作和实践经验的人,让他们以学生身份体验高职教育,会给校企合作、产教融合注入新的生机,也会给高职教育的发展带来更多的可能和希望。

杨婷婷:职业教育自出现之初起就与国家发展紧密相连,新时代高等职业教育的发展需要紧扣国家形势,科学、准确定位,使专业设置与国家经济发展相契合,继续为国家战略实施、区域发展、农村城镇化建设服务。另外,在张开双臂迎接春天到来的同时,我们需要冷静思考,不能盲目乐观。

王家好:在这一系列全面深化职业教育改革的举措中,我更关注的是职业院校将成为就业创业培训的重要阵地,发挥其自身优势,增强服务社会发展能力,面向全体劳动者广泛开展职业培训,这既有利于提升院校的办学质量和水平,又有利于促进全社会的就业创业,助力打造学习型社会。

黄 令:中国高等教育毛入学率于 2019 年达到 50% 以上,这意味着中国高等教育进入了一个新时代。100 万名扩招学生的入学标准是否会降低?大批量文化基础和水平有待提升的学生进入校园,培养质量如何保障?社会以疑问的眼光打量着这一举措,拷问着承担这一任务的高职学校。

陈 洋:"成绩不好的学生才会读技校"——这是职业学校留给人们的刻板印象。我们首先要做的是转变这种落后观念,鼓励有潜力的青年学生和社会人员学习一技之长,其次要提高技术型人才的工资待遇和福利,建立完善的中高职人才进修、职称评定和晋升机制,引导全社会尊重技术、尊重创新。

何俊生:职业教育的改革一方面是为了促进教育发展的公平,另一方面也是为了适配第四次工业革命背景下国家现代化的进程。现代化发展需要高素质、高质量的技术型人才,如何将职业教育改革落地生根避免流于形式,如何完善职业教育教学以及技能证书的评价和管理体系,是推动职业教育改革成功实施所需要解决的主要问题。

🔓 贺祖斌点评

2019 年的政府工作报告提出高等职业教育要扩招 100 万人,随后教育部等六部门联合印发《高职扩招专项工作实施方案》,从指导思想、工作原则、主要任务及组织实施四个方面对高职扩招工作进行具体部署。2018 年,我国普通本专科招生790.99 万人,毛入学率为 48.1%;2019 年,高职扩招 100 万人意味着高等教育毛入学率将达到或超越 50%。根据马丁·特罗的高等教育大众化理论,中国高等教育将提早进入普及化阶段。1999 年的高校扩招主要是规模的扩大,量的增长也伴随着不同层次、不同程度质的问题。此次扩招有一个新的变化,那就是生源口径发生了根本的改变:面向的招生对象不再仅仅是应届高中毕业生,还有退役军人、下岗工人和农民工等人群,因而有效地满足了稳定就业和高素质劳动力供给的需求,走"有质量地扩招"之路。2019 年 10 月,国家出台《职业技术师范教育专业认证标准》,就是为后续高等职业教育的蓬勃发展积蓄优秀的师资力量。

另外,高职教育作为高等教育的重要组成部分,是不同于普通高等教育的高等教育类型,与普通高等教育长期存在着融合发展的态势。在这种融合态势下,中国高等教育将逐步实现高层次、高水平学术研究和应用的目标。最近我特别注意到,教育部正就准备出台的《职业教育法(修订草案)》征求意见。长期以来,我国职业教育定位不清晰,尤其是高等职业教育只是参照普通高等教育办学,导致"专科生"在社会上被认为低"本科生"一等。用"职业高等学校"代替"高等职业学校",意味着职业高等教育将与普通高等教育"平起平坐",未来,接受职业高等教育的学生学历包括专科、本科,甚至研究生,这是一个新的变化。

📖 相关阅读

高职扩招 100 万人如何确保扩招质量?(节选)

1.标准不降,抓好三个落实。一是落实立德树人根本任务,二是落实职业教育国家教学标准,三是落实多元参与的质量评价机制。

2.培养模式多元,做好三个分类。一是分类编制人才培养方案,二是分类组织教学,三是实施分类管理。

3.学制灵活,推进三项改革。一是推进"1+X"证书制度试点,二是推进"学分银行"建设,三是推进弹性学制。

——摘自:教育部网站 2019 年 5 月 8 日

2019

事件**6**

高等教育法：

提升治理体系和治理能力现代化

🕐 事件回顾

　　2019 年是高等教育法实施的 20 周年,全国人大常委会组成执法检查组于 6—9 月开展高等教育法执法检查,这也是该法自颁布以来首次开展执法检查。10 月 21 日,在十三届全国人大常委会第十四次会议上,全国人大常委会副委员长王晨做高等教育法实施情况执法检查报告。报告表示:总体上讲,高等教育法基本得到有效实施,大多数法律条款得到落实,实现了立法目的,但还存在一些实施不到位、落实不彻底的问题。

【来源:《科技日报》2019 年 12 月 24 日】

👥 集体讨论

　　李　娜:教育大计,教师为本。高等教育要进一步释放在教学、科研和服务社会方面的活力,就要高度重视高素质教师队伍的建设。高等教育法应加强研究,完善高校教师分类管理制度,尤其是在教学型教师的职称评定管理办法方面,引导教师明确定位、潜心教书育人。

　　张　　羽：这次高等教育法实施情况执法检查报告指出，高等学校服务支撑能力还不够强，主要表现为一些高校办学定位不科学，学科专业特色不鲜明，人才培养的层次类型不合理，与国家经济社会发展需求结合不紧密。这些问题，也是目前高校普遍存在的问题。

　　王家好：高等教育法的实施不断规范和引领着高等教育的发展，但与此同时也在一些方面超出了过去的预期，有许多地方要依据现在高等教育的实际情况进行调整。更加科学、适配的高等教育法是"安全带"，更是"加速器"。

　　陈　　洋：没有法律的公正和保护，高等教育谈不上发展。我们不仅要树立依法治教的理念，而且要对执法进行有效的监督和评价，以推动高等教育法更加符合时代特征、更加公正合理。执法检查为完善立法、强化执法提供了有效的参考，有助于促进我国高等教育法治化、现代化。

　　苏家玉：高等教育法对我国高等教育的性质、任务、基本原则等做出了详尽的规定。在不断深化高等教育改革的当下，审视高等教育法的实施情况，是"四个回归"的体现，有助于回归高等教育的本质和初心。

🔓 贺祖斌点评

　　2019 年是高等教育法实施的 20 周年，全国人大常委会组成执法检查组，我有幸成为"高等教育法实施情况评估报告——基于高校分类人才培养提质增效视角"研究团队一员，团队的研究成果得到了全国人大教科文卫委员会的采纳。评估报告表明，高等教育法存在一些实施不到位、落实不彻底的问题。比如，高校面向国家重大战略和地方需求的高质量成果不多，能有效转化的更少；经济社会发展最为需要的应用型、复合型、技术技能型人才十分紧缺，高等教育"产能过剩"的隐忧不容忽视；人工智能、大数据等战略性新兴产业专业人才培养不足；全科医生、幼儿教师、家庭护理等民生急需专业人才相对匮乏；等等。党的十九届四中全会提出坚持和完善中国特色社会主义制度，推进国家治理体系和治理能力现代化。在此背景下，我在《推进高等教育治理体系和治理能力现代化》一文中谈了我的思考。

　　明确高等教育治理的具体要求。第一，必须坚持党的全面领导，贯彻落实党委领导下的校长负责制，完善"三重一大"制度，落实高校办学自主权；全面落实从严治党的制度,建立健全以党的政治建设为统领、全面推进高等学校党建的体制机制。第二,落实立德树人根本任务,把坚持以马克思主义为指导全面落实到思想理论建设、哲学社会科学研究、教育教学各方面,加强和改进学校思想政治教育,建立全员、全程、全方位育人体制机制。第三,对接服务全民终身学习的教育体系,切实提高高等教育质量。第四,形成高等教育治理的制度体系,必须着力推进高等教育的法治化,如此才能真正实现高等教育治理体系与治理能力现代化。

在新形势下,抓住当前我国高等教育快速发展的战略机遇,完善高等教育法治化建设,推进高等教育治理体系和治理能力现代化,是实现高等教育现代化的必然要求,也是推进国家治理体系和治理能力现代化的重要内容。

📖 相关阅读

中华人民共和国学位条例

《中华人民共和国学位条例》是新中国颁布的第一部教育法律,是 1980 年 2 月 12 日,第五届全国人大常务委员会第十三次会议
通过,2004 年修正。《条例》明确规定,我国学位分为学士、硕士、博士三级,学士学位由国务院授权的高等学校授予;硕士学位、博士学位由国务院授权的高等学校和科学研究机构授予。

学位授予单位,应当设立学位评定委员会,并组织有关学科的学位论文答辩委员会。学位论文答辩委员会必须有外单位的有关专家参加,其组成人员由学位授予单位遴选决定。学位评定委员会组成人员名单由学位授予单位确定,报国务院有关部门和国务院学位委员会备案。

——摘自:教育部《中华人民共和国学位条例》

事件7

人工智能：
新时代高等教育发展新机遇

🕐 事件回顾

2019 年 5 月 16 日到 18 日,国际人工智能与教育大会在北京召开,各国达成了《北京共识》,以推进人工智能与教育的结合。人工智能将给高等教育带来巨大挑战和重大机遇,将赋予高等教育极其深刻的内涵。伴随着大数据科技和 5G 新技术的快速发展,高等教育的人才培养方略也在发生改变。而早在 2019 年 3 月,教育部就公布了《2018 年度普通高等学校本科专业备案和审批结果》,"人工智能"被列入新增审批本科专业名单,全国共有 40 多所高校成立了人工智能学院。

【来源:《人民日报》2019 年 5 月 19 日】

👥 集体讨论

陈庆文:人工智能时代的到来,意味着各种各样的人工智能产品将被运用到生活的方方面面,教育也不例外。高等教育处于人才输出的供给侧,需要及时、有效地回应人工智能带来的影响,适时更新、调整人才培养理念和目标,培养能主动适应人工智能时代的兼具科学素养和人文素养的复合型人才。

黄春蕾：人工智能技术的发展正为高等教育改革提供新方法、新思路。高校应灵活适应社会现实需求，把握时代发展机遇，充分获取利用互联网资源，敢于颠覆传统教学模式，朝着智慧化方向演变。"智慧型校园"构建指日可待。

潘杰宁：未来，在以人工智能为标志的第四次工业革命到来时，人类将面临因人工智能的渗透所引发的失业率急剧上升的问题。一项全球评估显示，到2030年，30%的"工作活动"可以实现自动化。不但普通工人的工作会受到严重影响，"白领"雇员和管理者以及部分艺术产业的工作者也将被波及。

罗惠君：人工智能对所有产业的颠覆要求大学关注新的人才培养目标。面对人工智能带来的机遇和挑战，高校要根据人工智能时代的需求，结合区域经济发展趋向，制定人才培养方案，培养具有道德情操、创新意识、批判性思维的新时代青年。

何俊生：推动人工智能学科建设是满足我国人工智能产业对人才需求的关键，人工智能学科的基础理论建设、师资力量建设、学位评定建设等都影响着我国人工智能发展的速度，只有重视人工智能基础研究，培养出来的人才才能承担起引领未来发展的重任。

陈　洋：充分利用人工智能、大数据分析技术可以为学生提供更具个性化的教育方案，尊重学生个体发展的规律和特点，提升学生的学习效果，更好地体现因材施教、个性发展的教育理念。此外，人工智能带给大学的变化，并不仅仅是对当前大学已有元素的革新，还包括创造能够促进新元素涌现和生长的环境。

🔓 贺祖斌点评

习近平总书记在给国际人工智能与教育大会的贺信中指出：中国高度重视人工智能对教育的深刻影响，积极推动人工智能和教育深度融合，促进教育变革创新，充分发挥人工智能优势，加快发展伴随每个人一生的教育、平等面向每个人的教育、适合每个人的教育、更加开放灵活的教育。教育部颁发的《高等学校人工智能创新行动计划》以及国际人工智能与教育大会上达成的《北京共识》，从政策层面明确了人工智能发展的重点，为各高等学校人工智能发展明确了方向。

面对人工智能时代的到来，如何借助人工智能推动高等教育内涵式发展与高等教育现代化？第一，要转变教学理念，高校应积极主动引入人工智能教学，减少基础性工作，把教学的着力点集中于培养学生的批判性思维、创新能力等，以此来培养新时代创新型人才,增强人工智能发展的基础动力,优化高校的人才培养机制。第二,要加强多学科交叉融合,加强学科之间的交叉融合以及构建协同创新机制,发挥多学科优势,提高集成创新能力,培养以人工智能为基础的复合型人才。第三,要加强校校、校所、校企的合作,构建院校、企业、政府三位一体的结构,利用科研院所的技术平台优势,明确社会发展的需求,与企业合作解决难题,促进人工智能研发成果的推广,推进产学研的协同创新。

人工智能将越来越彰显颠覆意义。2018年,我在和潘懋元先生的对话中就人工智能与高等教育的关系进行了讨论。潘先生认为,今后的高等教育既要培养自然人,又要培养机器人,使之成为专门人才,同时要对人工智能进行伦理约束。赋予人工智能道德、情感等使之适应并推动社会的发展,不仅仅是人工智能设计者们的任务,也是高等教育的职责。自然人和"机器人"的道德伦理两手都要抓,两手都要硬。

📖 相关阅读

人工智能与教育融合重新定义教师角色

人工智能与教育融合对教师造成如此巨大的冲击,它重新定义了教师的角色,教师也要对自身进行相应的调整,使自己成为人工智能新时代下的合格教师。

第一,精准把握和了解学生的成长需要。首先,教师要永远具备仁爱之心,应永葆正确的教育价值观,深入落实"立德树人"的根本任务,这是人工智能无法给予学生的。

第二,增强胜任力中的新技术敏感意识。在人工智能融合的教育生态下,各种技术层出不穷,对这些新技术的敏感意识以及合理有效使用这些技术的能力,在很大程度上决定了教师的胜任力。

第三,科学使用新技术的胆识与能力。在人工智能时代教师不仅要对技术敏感,更要敢于科学使用新技术。要勇于创新,敢于运用新技术。

第四,持续学习、不断提升自己的心态与能力。教师要拥有持续学习、不断提升自己的心态,更要有持续学习提升的能力。

——摘自:《中国教育报》2019年11月23日

2019

事件 **8**

科研管理自主权：

营造良好科研创新环境

🕐 事件回顾

4月4日，《中共教育部党组关于抓好赋予科研管理更大自主权有关文件贯彻落实工作的通知》指出，高校要做好科研管理"加减法"，充分激发科研人员创新活力。7月30日，教育部等六部门联合印发《关于扩大高校和科研院所科研相关自主权的若干意见》，针对改革过程中出现的一些新问题提出了改进举措，明确项目实施期间要减少各类过程性评估、检查、抽查、审计等工作，整合科技管理各项工作和材料报送环节，实现一表多用，切实减轻科研人员负担。在改革科技成果管理制度方面，进一步深化改革，逐步简化直至取消评估、备案管理，为高校和科研院所"松绑"。

【来源：《科技日报》2019年8月26日】

👥 集体讨论

　　李　响：社会上关于科研管理问题的议论很多，主要由于其长期以来存在"一抓就死，一放就乱"的现象。科研工作者是我国实施创新驱动发展的中坚力量，给予他们更大的科研管理自主权，让他们按照科学规律和合理想法从事科研活动，能激发他们更大的科研潜力，增加他们的创新活力。

　　蒲智勇：根据《关于扩大高校和科研院所科研相关自主权的若干意见》对高校和科研院所现行科研管理体制做出合理修改，将是一段时间内科研管理部门的工作重点。而如何"松绑"？减少过程性评估、检查、抽查、审计的度在哪里？

　　李　娜：在管理过程中，最让科研人员头疼的是报销手续过于烦琐。各高校制定的科研经费管理办法应区别于学校行政经费管理办法，结合学校自身情况，制定标准，简化和优化程序，支持科研活动规范、高效开展。

　　黄春蕾：我较为关注《中共教育部党组关于抓好赋予科研管理更大自主权有关文件贯彻落实工作的通知》中对科研成果验收的规定：为降低对科研活动的干扰，建立检查结果共享机制，改变以往分部门进行各类监督检查的形式。这项规定出台的初衷是好的，关键在于如何落实，如何将条块化管理变成统筹管理。

　　黄　令：赋予更大自主权不代表可以滥用自主权，减少各类过程环节也不代表可以随心所欲。在扩大科研管理自主权背景下的高校和科研院所更应提高自我监督与管理的意识，确保自主权得到最有效的运用。

🔓 贺祖斌点评

　　习近平总书记在两院院士大会上说过，"不能让繁文缛节把科学家的手脚捆死了，不能让无穷的报表和审批把科学家的精力耽误了"。中国要强盛，就一定要大力发展科学技术；科技要创新，就要靠广大科技工作者肩负起历史赋予的重任。在具体管理过程中，科研管理自主权问题，一直是高校和科研院所进行科研创新的困扰。如科研设备采购烦琐的招投标工作，科研人员的人事管理，科研过程中的检查、抽查、评估等，都是科研项目推进路上的绊脚石。科研人员及科研单位在科研创新上，被科研以外的琐事磨去了耐心，因此也失去了应有的活力，其中重要的原因之一就是高校和科研院所缺乏科研管理自主权。科研创新是建设创新型国家的重要一环。近年来,国家出台了一系列的改革举措,2017 年教育部等五部门联合发布《教育部等五部门关于深化高等教育领域简政放权放管结合优化服务改革的若干意见》,这次教育部等六部门联合出台扩大高校和科研院所相关自主权的举措,是更进一步为高校和科研院所"松绑"。

这些制度着眼于科研管理的"痛点"对症下药。《关于扩大高校和科研院所科研相关自主权的若干意见》提出,项目实施期间实行"里程碑"式管理,即以目标为导向,减少过程中的繁杂琐事,减轻科研人员工作事务。此外,针对科研人事管理及科研绩效分配问题,给予更多的自主性、灵活性。《关于扩大高校和科研院所科研相关自主权的若干意见》最后还特别强调"落地",启动改革试点工作的统筹协调,明确落实主体责任,在"松绑"管理的同时实施有效的监督管理。开放原集权式行政管控,及时调整政府与高校、科研院所的关系,使其各施其能,建立良好的科研生态环境。我认为,科研生态环境的改善,能够使科研管理自主权更符合现在高校多元化的发展趋势。《关于扩大高校和科研院所科研相关自主权的若干意见》的颁布将激励各方人才积极主动投入科研项目,激发科研人员创新意识,激活科研队伍工作热情,切实推动营造良好科研创新与育人环境。

📖 相关阅读

科研管理更大自主权有关文件如何落实

1.坚持问题导向,完善科研管理制度。

2.遵循科研规律,落实科研管理自主权。

3.优化管理服务,增强科研人员获得感。

4.加强诚信建设,引导科研人员坚守法纪底线。

5.改进工作机制,强化科研管理部门责任。

6.完善监督机制,营造良好科研创新环境。

——摘自:教育部网站 2019 年 4 月 9 日

事件 **9**

实体书店：
推动全民阅读，建设书香校园

🕘 事件回顾

2019 年 7 月，教育部办公厅发布《关于进一步支持高校校园实体书店发展的指导意见》，要求各高校应至少有一所图书经营品种、规模与本校特点相适应的校园实体书店，没有的应尽快补建，基本形成全国高校校园实体书店的发展与全社会实体书店的总体布局、服务功能相匹配，主业突出、各具特色、多元经营的良好格局，更好地满足高校校园日益增长的多样文化需求。力争到 2020 年底，在全国范围内打造一批独具高校特色的"校园智慧书店"。

【来源：教育部网站 2019 年 7 月 18 日】

👥 集体讨论

杨婷婷：图书是传播文化的一种载体，书店是承载文化价值的公共空间，校园实体书店可被视作高校校园文化建设的重要组成部分，是重要的文化设施和传承校园文化的载体。但如何结合校园文化打造自己的文化书屋是值得我们思考的一个问题。

张　羽：如何区别于传统的教室和校园图书馆，寻找到属于自己的特色定位，是高校校园实体书店未来发展亟须解决的问题。高校校园实体书店所提供的功能不应局限于专业书籍的阅读和售卖，而应尝试作为专业教育的一种补充，或是通识教育的一种延伸，同时结合更多现代化的手段提供不同形式的交流与碰撞，寻找到属于自己的定位，以发挥自身在校园中独特的文化价值。

李　响：高校有一所装修精美、品质高雅、独具本校大学精神的实体书店，既能提升校园文化品位，又能在潜移默化中培养学生的阅读品位和人文素养。像我们身边的"独秀书房"，这样的校园实体书店，吸引着校内外的人而成为高校文化"地标"，在一定程度上提升了本校学生的文化自豪感和归属感。

罗惠君：高校实体书店是高校为学生营造学术氛围的体现，也是高校特色办学的一种文化展示。办一家好的实体书店，可给予学生一个除教室、食堂、宿舍以外独具特色的好去处。

黄春蕾：目前多所高校的校园实体书店已经开始营业，其中不乏融合5G新技术的例子。在当今时代，高校校园实体书店要找准自身特色定位，结合新兴技术，展现出新的生命力。

🔓 贺祖斌点评

我曾多次撰文呼吁，大学生要"少刷屏、多阅读"，理科生要读点"人文"，让读书成为一种习惯。如果说这些呼吁是一种倡导，那么《关于进一步支持高校校园实体书店发展的指导意见》的印发，就从承载文明、传播文化以及高等教育人才培养等多个层面将建设校园实体书店及推动全民阅读提升到了一个新的高度。作为大学校长，我一直都很关注大学生的深度阅读问题。大学"人文实验室"是我针对高校校园实体书店首次提出的新概念，2016年10月，在我的倡导和推动下，广西师范大学出版社旗下第一家"独秀书房"在校园落户，到目前为止已经建成15家。"独秀书房"作为大学"人文实验室"的探索，有几个特点：第一，由于它的读者群体主要是大学生，因此书店的建设应该充分体现学术性、人文性、专业性等特点，图书选择也要有针对性；第二，它是出版社走进高校开办实体书店、创新文化服务的尝试，理应成为高校和出版社之间的纽带，特别是高校图书馆选书、采书的前哨；第三，在书房的功能方面,它具有卖书、买书、读书、藏书、讨论、交流、咖啡、上网等功能,同时也是举办人文学术沙龙的理想场所,充分体现"人文实验室"的特点。值得高兴的是,"独秀书房"已经成为所在地大学生喜爱的文化地标。一所大学里浓厚的阅读文化氛围的营造,离不开一些高品质的书店。上述指导意见的出台更加坚定了我对"独秀书房"的期待——探索校园实体书店新模式,推动深度阅读。

在当今这个时代,我们需要文化的涵养,需要价值的引领,需要理性的思考,而这些在很大程度上依赖于深度的阅读和环境的陶冶。随着信息化的高速发展,这个时代有几个突出的特点:一是文化的多元化,快节奏、高速度的发展带来了文化的变迁、适应、认同等问题;二是信息的多样化,互联网的高速普及使得我们时时刻刻被各种信息所包围,如何辨别、处理和利用多元信息以服务自身发展需要正确的价值观引领;三是知识的碎片化,快餐式的阅读成了获取知识的重要方式,而成长成才是一个不断沉淀和提升涵养的过程。从这个意义来看,《关于进一步支持高校校园实体书店发展的指导意见》是通过高校实体书店建设推动全民阅读健康发展的有力举措。

相关阅读

一枝独秀

"独秀书房"是广西师范大学出版社集团在"全民阅读、书香社会"被提升为国家战略的时代背景下推出的校园特色实体书店品牌。第一家独秀书房于2016年10月建成开放,截至2019年11月,已建成和运营的独秀书房达15家,遍布广西壮族自治区7个地级市11所高校,经营总面积超过4000 m^2,图书品种10万余种,图书总码洋上千万元。2019年,独秀书房共获"2019年时代出版·中国书店年度致敬"6大奖项。

——摘自:广西师范大学出版社官网2019年10月12日

2019

事件10

高校清退：

"严进宽出"的大学时代或将终结

事件回顾

高校集中清退学生事件在 2019 年多有发生：中国地质大学（北京）一次性清退了 52 名研究生；北京航空航天大学对 75 名研究生予以退学处理；复旦大学 12 名研究生被退学，其中还包括多名留学生……清退并非无源之水，既可溯及各大高校的学业管理规定，也来自教育部发出的信号。2019 年 10 月，教育部印发《关于深化本科教育教学改革全面提高人才培养质量的意见》，旨在让学生忙起来、教师强起来、管理严起来、效果实起来。

【来源：教育部网站 2019 年 10 月 11 日】

集体讨论

潘杰宁：高校清退事件频发，一时间关于大学"严进宽出"的制度应该改变的议论沸沸扬扬。作为一名教育管理工作者，我不知"宽出"这一说法的依据是什么，"宽"和"严"又该如何判断。一所学校的人才培养，最为关键的是教学，此外还有管理、文化、制度等诸多因素，我们在谈论"宽出"之时，是不是也应分类探讨到底是管理宽还是教学宽。

李　娜：在英国，大学"宽进严出"的办学态度早已为人所周知，学校严格把控毕业文凭的含金量，一些世界顶尖大学的一些热门专业甚至没有补考机会。可见，其形势的严峻，我们要珍惜深造的机会，在求学道路上严格自律，努力提升自身的含金量。

杨婷婷：高等学校自1999年扩招以来，在校生数量一次次突破新高，在数量扩充的同时，"严进宽出"似乎成了一个普遍现象。因此，在注重高等教育内涵式发展的今天，人才培养质量提升是我们必须关注的一个重点话题。

李　响：我关注的是部分研究生遭退学的原因是没有动力和兴趣继续进行学术研究，因而未达到学校的相关要求，无法顺利毕业。在当前的多元化社会，这部分被退学的学生不一定是能力不足，而是确实不适合进行学术研究。

苏家玉：一段时期，轻松的大学生活似乎成为许多大学生用以补偿高中学习压力的方法，从紧张的高中到相对轻松的大学，缺少自身发展规划也让很多大学生找不到努力的方向。因此，规范教学管理，不仅包括严格的考勤制度、选课制度、考试制度等，而且应该包括良好的学习氛围、多样化的课程资源、有效的发展规划辅导。

游晶晶：值得思考的是，在清退学生之前，高校应该做什么？是否应该在研究生的遴选环节中重视学生的学术志趣与专业认同？是否应该在教学培养的过程中及时发现学生存在的问题？在我看来，高校在清退学生之前更应该在源头上与过程中下功夫，降低学生被清退的概率。

罗惠君：近年来，教授上本科课、抓课堂质量等一系列举措的最终目的都是提高本科教育质量、回归本科教育服务。要想让高校教师真正重视课堂，就要完善教师培训和激励制度，让教师的主要精力回归课堂。

🔓 贺祖斌点评

2018年，教育部部长陈宝生说过，中国教育"玩命的中学、快乐的大学"现象应该扭转，对中小学生要有效"减负"，对大学生要合理"增负"，提升大学生的学业挑战度。2019年，高校清退学生事件相比往年更为突出，从"985"高校到地方高校，从本科生到博士生甚者到留学生。《教育部关于深化本科教育教学改革全面提高人才培养质量的意见》等有关文件,提出给本科生"增负"的理念,把本科教育教学管理改革的讨论推向高潮。我想,"增负"增的不仅是课程的复杂度和深度,也应该包括课程的研究性、创新性、综合性;"增负"不仅体现在专业知识的扩充上,也应该包括人文的深度熏染和精神的深度净化;"增负"不仅体现在对学生的严格要求上,也应该包括高校整体管理制度、培养制度的深化改革。学校要严格管理制度,对那些在校不认真学习、学习能力不足、违反管理规定等达到退学条件的学生就应该清退。

德国哲学家雅思贝尔斯说:"教育的本质意味着一棵树摇动另一棵树,一朵云推动另一朵云,一个灵魂唤醒另一个灵魂。"本科教育改革提倡让学生忙起来,忙的不仅仅是对专业知识的积累,更是对学习动力的激发、学习兴趣的培养以及人文素养的提升。高校学生旷课现象频发,"象牙塔"失去往日的神圣光环,不仅有高校体制机制上的问题,也有学生、课程、学校、社会等多方面的因素。因此,想要改变现状不能只是简单地增加监管或是限制自由,而必须积极发挥教师和学校的主体作用,加强专业建设,打造优质课程体系,提高教师教学水平,加大校园文化建设力度,让学生通过大学学习成为一个有人文温度、学识厚度、精神深度的人,不仅能收获知识、技能和能力,而且能收获自信和理想。

📖 相关阅读

教育部:理直气壮为本科生"增负"

教育部高等教育司司长吴岩就高校清退学生事件发表看法,表示"高校不是'安全箱',我们可以理直气壮地给本科生增负"。

吴岩表示,经过前期的攻坚战,从微观层面看,不求上进、不思进取的学生开始紧张了,本科毕业开始难起来了。对于本科生而言,"混"日子的时代已经一去不复返。据调查,高达99.9%的被调查者赞成给本科生增负。因为,这不仅是国家发展的需要,也是学生个人发展的需要。

——摘自:中国网 2019 年 10 月 31 日

2019 年度总评

　　2019 年是新中国成立 70 周年,我国高等教育在这 70 年进程中取得了举世瞩目的成就。这一年,回首过去 70 年来我国高等教育的发展成果,党和政府依据时代发展规律,展望未来颁布《中国教育现代化 2035》,坚持做到"以本为本"注重提升本科教育质量,实施"双万计划",关注高职教育扩招 100 万人,从高校思政课改革到高等教育法推动高等教育治理体系和治理能力现代化,从高校科研创新环境改善到人工智能为高等教育发展提供新机遇,从大学校园实体书店建设到高校教学管理制度的严格化,深化高等教育改革的脚步急促而有力。这些高等教育事件中,我国高等教育首个以教育现代化为主题的中长期战略规划《中国教育现代化 2035》,从顶层设计上开启了我国高等教育现代化建设的新征程;高等教育法实施 20 周年的检查和科研创新制度的深化改革,体现了高等教育的发展,展示了高等教育改革的可喜成果。此外,高校清退不合格学生的现象和一流本科专业、一流本科课程"双万计划"的实施也提醒了我们,严格的、高质量的本科教育改革任重道远。

贺祖斌
广西师范大学校长

储召生
《中国教育报》副总编

专题评论

2019 中国高等教育十大关键词[①]

　　评选"高等教育年度十大关键词",是《中国教育报》高教周刊的传统。广西师范大学校长贺祖斌主持的"高等教育大事件年度盘点"学术沙龙,至今已举办 14 期。今天,我们邀请两个团队的负责人,对"2019 年中国高等教育十大关键词"进行深度分析和点评。

1.思政课教师座谈会

事件回顾

　　3 月 18 日,习近平总书记主持召开学校思想政治理论课教师座谈会并发表重要讲话。8 月,中共中央办公厅、国务院办公厅印发《关于深化新时代学校思想政治理论课改革创新的若干意见》。

创新思想政治理论课改革

　　贺祖斌:长期以来,高校思政课改革是教学改革中的重点和难点,这次习近平总书记专门主持召开学校思想政治理论课教师座谈会并发表重要讲话,可见中央的重视程度之高。出台的《关于深化新时代学校思想政治理论课改革创新的若干意见》从微观上论述了课程内容、教材体系、教师队伍建设三方面内容,切实可行,

---

[①]　该文发表在《中国教育报》,2019 年 12 月 30 日。

为思政课创新指明了方向,对提升我国青年道德修养和政治素养,用爱国主义武装头脑具有重要指导作用。

做大思政教育朋友圈

储召生:把大中小学的思政课教师组织到一起,会议由总书记亲自主持并发表重要讲话,这在新中国历史上可能是第一次。最近一段时间以来,加强思政工作建设无疑已成为高校工作的重中之重。但是我们也应该看到,做好高校思政工作,仅靠思政课教师是远远不够的。这也是我们强调"三全育人"和"课程思政"的原因所在。做大思政教育朋友圈,对高校思政工作者和思政课教师来说,显得尤为重要。

2.总书记回信涉农高校

──────────── ⟳ 事件回顾 ────────────

9月5日,习近平给全国涉农高校的书记校长和专家代表回信,对涉农高校办学方向提出要求,对广大师生予以勉励和期望。

涉农高校迎来发展东风

贺祖斌:总书记的回信,"立德树人、强农兴农"为涉农高校办学定位、培养农科时代新人指明了方向,也是对涉农高校广大师生的肯定。我们面临着脱贫攻坚、乡村振兴、生态文明和美丽中国建设,农林教育在其中将发挥非常重要的作用。回信要求高校培养能够引领未来中国农业农村现代化建设所需要的新型人才,也激发了涉农高校学生对专业的热爱及对前景的信心。

农科发展要坚持问题导向

储召生:曾经一段时间,我们有些农业院校的发展方向近似"离农":优秀的教师和学生不愿来,学校也想早日更名。此外,在生物技术、品种资源、智能装备等方面,我国农业科技还有不少关键技术受制于人。"中国现代化离不开农业农村现代化,农业农村现代化关键在科技、在人才",从这样的高度来看农科教育,我们才能更加清醒地认识涉农高校的努力方向。

3.面向 2035

───────── 🕓 **事件回顾** ─────────

2月,中共中央、国务院印发了《中国教育现代化 2035》,为中国高等教育现代化发展做出了顶层设计。

───────────────────────────

开启高等教育现代化新征程

贺祖斌:高等教育的发展要正确处理好发展战略与具体举措的关系,应重点处理好以下几个关系:规模与质量、结构与效益、一流与特色、本土化与国际化、科技与人文、公办与民办、发展与规划等。同时,从关注人的发展到实现全员、全过程、全方位的发展,进一步推进高等教育内涵式发展,进而真正实现高等教育的现代化。

跟上时代的节拍办大学

储召生:从新中国历史看,每逢国家做出大的战略布局,高等教育都要有相应的策略回应。远的如 1952 年的院系大调整,近的如世纪之交的"211"工程、"985"工程、新建本科。党的十九大报告提出"三步走"战略目标,到 2035 年要基本实现社会主义现代化,《中国教育现代化 2035》应运而生。可以预见的是,高等教育现代化目前才刚刚起步,还会有更多的高校新形态、办学新形式、管理新探索不断涌现。

4.高教执法检查

───────── 🕓 **事件回顾** ─────────

6月至 9月,全国人大常委会组成执法检查组开展高等教育法执法检查,这也是该法颁布 20 年来首次开展执法检查。

───────────────────────────

治理体系和治理能力现代化

贺祖斌:党的十九届四中全会提出,坚持和完善中国特色社会主义制度、推进国家治理体系和治理能力现代化。在新形势下,对于执法检查中发现的高等教育法存在的一些实施不到位、落实不彻底的问题,我们应抓住当前我国高等教育快速发展的战略机遇期,完善高等教育法治化建设,推进高等教育治理体系和治理能力现代化。

该啃的"硬骨头"必须啃

储召生:高等教育法实施 20 年来,我国高等教育实现了历史性跨越,仅从毛入学率来看,已经从精英化过渡到大众化,即将进入普及化。高等教育法保驾护航功不可没。本次执法检查发现的问题,都是一段时间以来的老问题。这也充分说明高教改革已经进入深水区,剩下的都是"硬骨头"。但是,在高等教育普及化的背景下,规模发展将让位于质量提升,再硬的"骨头"也得啃。

5."双万计划"

—————————— ⏰ 事件回顾 ——————————

4 月,教育部发布《关于实施一流本科专业建设"双万计划"的通知》。10 月,教育部发布《关于一流本科课程建设的实施意见》,认定 10000 门左右国家级一流本科课程和 10000 门左右省级一流本科课程。这也是落实"六卓越一拔尖"计划 2.0 的重要举措。

推动本科教育质量提升

贺祖斌:"双万计划"的意义在于:一是落实新时代全国高等学校本科教育工作会议精神的一项具体措施,专业的建设和课程的设置要落实到人的培养;二是高等教育内涵式发展的一个重要内容,以本科专业体系和课程体系的建设为推手;三是对地方高校的政策倾斜,目的是扭转高等教育发展失衡的现象。

充分调动行业企业积极性

储召生:"双万计划"力度之大、覆盖面之广史无前例。这既是"双一流"建设的重要补充,也是落实"六卓越一拔尖"计划 2.0 和"新四科"建设的重要抓手。这种"一竿子插到底"的改革举措,有利于促进高等教育内涵式发展。在推动"双万计划"落地的过程中,要加强产教融合,充分发挥行业企业参与教育的积极性。

6. "我和我的祖国"

─────────── ⟳ **事件回顾** ───────────

作为迎国庆大型活动,"青春,为祖国歌唱"在网上的阅读量及播放量达51.8亿次,成为2019年教育系统影响最大的网络活动。

丰富的爱国主义教育活动

贺祖斌:在今年的大学校园里,大学生用《我和我的祖国》倾情歌唱祖国,在激昂热烈的氛围中,歌颂祖国大好河山,"我歌唱每一座高山,我歌唱每一条河……"展现当代青年拳拳中国心、炽热中国情。同学们挥动手中的国旗,共同祝福祖国繁荣昌盛,这本身就是一场非常丰富的爱国主义教育活动。

发现经典歌曲的美好

储召生:在我的印象里,《我和我的祖国》并不算好唱。这样一个主旋律的经典歌曲,通过快闪、网络拉歌等方式,很快成为大学校园的一道风景。相信有不少青年学生是先学会了这首歌,才体会到其歌词之雅、旋律之美。其实,还有很多这样的优秀歌曲,需要我们创新形式,向青年学生推介,这本身也是一种爱国主义教育。《我和我的祖国》在2019年风行,给了我们诸多启示。

7. 人工智能

─────────── ⟳ **事件回顾** ───────────

3月,教育部公布了普通高等学校本科专业备案和审批结果,人工智能专业被列入新增审批本科专业名单。全国共有40多所高校成立了人工智能学院。

高等教育发展新机遇

贺祖斌:如何借助人工智能推动高等教育内涵式发展与高等教育现代化? 一是要转变教学理念,高校应积极主动引入人工智能教学,减少基础性工作。二是要加强多学科交叉融合,构建协同创新机制,培养以人工智能为基础的复合型人才。三是要加强校校、校所、校企的合作,利用科研院所的技术平台优势,明确社会发展的需求,与企业合作解决难题,促进人工智能研发成果的推广。

谨防一哄而上赶时髦

储召生：大数据、云计算、人工智能，代表着 21 世纪的科技前沿。高校设立人工智能学院、开设人工智能专业，正当其时。人工智能涉及多学科、跨多部门，需要加大教育教学改革力度，做好资源配套。至于具体到某个学校，是否需要新增人工智能专业，我觉得可以回头看看物联网工程的例子，设不设、如何设，还得三思而后行。

8.科研自主权

⟳ **事件回顾**

4 月 4 日，中共教育部党组发布《关于抓好赋予科研管理更大自主权有关文件贯彻落实工作的通知》。7 月 30 日，教育部等六部门联合印发《关于扩大高校和科研院所科研相关自主权的若干意见》。

营造良好科研创新环境

贺祖斌："科研管理自主权"问题，一直是高校、科研单位进行科研创新的困扰，如：科研设备采购烦琐的招投标工作，科研人员人事管理，科研过程中检查、抽查、评估等，这些问题都在一定程度上影响着科研项目的推进。近年来，教育部也出台了一系列的改革举措，这次联合六部门出台举措扩大高校和科研院所相关自主权是更进一步为高校和科研院所"松绑"，关键在于制度的落实落地。

关键是把人解放出来

储召生：曾有学者和我开玩笑说，高校最需要的是"填表专业"，因为一到年底，各种表格会把学者们弄得昏头转向。笔者无意质疑此类表格或考核的必要性和科学性，但科研人员被各种检查、考评所困扰，却是不争的事实。赋予科研管理更大自主权，不必害怕科研工作者会去偷懒，更不要急功近利，今天给钱明天就要成果。一句话，把科学家们解放出来，让他们充分享受科研的乐趣。

9.实体书店

─────── ⏱ **事件回顾** ───────

　　7月,教育部办公厅印发《关于进一步支持高校校园实体书店发展的指导意见》,要求各高校应至少有一所校园实体书店。

打造大学"人文实验室"

　　贺祖斌:教育部此次指导意见的印发,从承载文明、传播文化以及高等教育人才培养等多个层面将校园实体书店及推动全民阅读提升到了一个新的高度。大学"人文实验室"是我针对高校校园书店首次提出的新概念,2016年10月,广西师范大学出版社旗下第一家"独秀书房"在校园落户,至今已经建成15家。此次指导意见的印发更加坚定了我们探索校园书店新模式、推动深度阅读的信心。

多读一些难读之书

　　储召生:我一直以为,家庭书房可以看出主人的品位,校园书店可以看出大学的层次。在此我想借用王蒙先生的话奉劝青年大学生们,网上的阅读那只是浏览,要多看书,特别是多读一些难读之书。知识付费类平台的火爆,从一个侧面说明我们深度阅读能力的缺失。如果大学里的书店也像机场书店一样,摆满了考研辅导、交际训练、成功秘诀类图书,实在是一种悲哀。

10.高校清退

─────── ⏱ **事件回顾** ───────

　　广州大学一次性清退72名研究生,武汉大学清退92名留学生⋯⋯高校集中清退学生事件在今年多有发生。

让大学生"忙起来"

　　贺祖斌:高校学生"旷课"现象频发,"象牙塔"失去往日的神圣光环,不仅有高校体制机制方面的问题,也有学生、课程、学校、社会等多方面的问题。因此,必须积极发挥教师和学校的主体作用,让学生通过大学学习,不仅能收获知识、技能和能力,也能收获自信和理想。

不要轻言一清了之

储召生:有人总拿美国大学毕业率低来批评中国高校的"严进宽出",其实并不全面。美国名校和中国的情况差不多,进去并不容易,毕业率也不比中国名校低。今年高校集中清退的主要是研究生,并且多为专业学位研究生。对高校而言,清退也是不得已而为之。我们应从学生进校的第一天起,做好督促和辅导,让大学生学习生活充实起来。

2020

普及与评价

　　时值"十三五"收尾、制定"十四五"规划的特殊时期,我们总结、梳理了 2020 年度中国高等教育领域的十件大事:党的十九届五中全会明确我国高等教育进入普及化阶段并擘画教育发展蓝图;《深化新时代教育评价改革总体方案》发布,明确新时代我国教育评价改革的任务书和路线图;疫情背景下的线上教学成为新常态,推进教育信息化进程;首届全国研究生教育会议召开,为研究生培养指明方向;教育部全面推进高校课程思政建设,加强思想引领;强化体美劳教育,均衡"五育"发展,培育全面发展的社会主义建设者和接班人;《新文科建设宣言》发布,吹响新文科建设"开工号",开辟"四新"学科建设新征程;《关于新时代振兴中西部高等教育的若干意见》审议通过,中西部高等教育迎来均衡发展新机遇;产学研结合,构建校企合作新型学院,培育应用型、创新型人才;《关于加快推进独立学院转设工作的实施方案》公布,明确转设时间表,为应用型高校发展带来新机遇。通过梳理年度十大事件,参与成员对事件进行多方位评析,主持人以学者身份参与讨论、点评和总结,多维度地呈现了 2020 年中国高等教育发展的前沿动态,凝练和思考我国高等教育发展脉络。①

2020 年度中国高等教育十大事件关键词:

普及化、教育评价、在线教学、内涵发展、课程思政、体美劳教育、新文科建设、均衡发展、产业学院、独立学院转设

---

①　本期主持贺祖斌,课题组成员:杨婷婷、罗惠君、陈洋、周坚和、刘微微、何俊生、黄春蕾、王文丽、张颖佳、陈庆文、黄令、李娜、王国亮、蒲智勇、郭云卿、潘杰宁、孔苏。

2020

事件**1**

普及化：
推进高等教育"十四五"规划

🕐 事件回顾

2020年10月29日,中国共产党第十九届中央委员会第五次全体会议通过《中共中央关于制定国民经济和社会发展第十四个五年规划和二〇三五年远景目标的建议》。"十四五"时期是我国乘势而上开启全面建设社会主义现代化国家新征程、向第二个百年奋斗目标进军的第一个五年。全会指出"高等教育迈入普及化阶段"。教育部要求把全会精神落实到"十四五"教育发展全过程、各环节,为到2035年总体实现教育现代化、建成教育强国开好局、起好步。

【来源:《光明日报》2020年11月10日】

👥 集体讨论

刘微微:站在"两个一百年"奋斗目标的历史交汇点上,党的十九届五中全会擘画了教育发展蓝图。教育高质量发展,人才培养是关键。教师作为高校发挥人才培养和服务社会功能的核心力量,肩负着立德树人的根本任务。作为教育工作者理应秉承工匠精神,爱岗敬业、追求精益、专注信念、敢于创新,负起教书育人的责任担当与使命,助力高校更好地发挥人才引育功能。

黄　令:2020年是"十三五"收官之年,也是编制"十四五"规划的关键之年。编制和实施五年规划是党治国理政的重要政策工具和手段,具体到高等教育领域,其也是各个教育组织和机构推进教育治理体系和治理能力现代化的重要抓手。"规划"成为本年度高等教育界的一个关键词和年度热点。

李　娜:普及化背景下我国高等教育发展呈现出更为突出的多样化、个性化、现代化和开放化的特征。为更好适应新时代发展需要,各省各校在科学编制高等教育"十四五"规划时,应着力在高校人才培养体系创新、学科专业结构优化、社会服务能力提升、教育评价机制改革、中外合作办学以及推进大学治理体系和治理能力现代化等方面开新局、应变局。

陈　洋:从目前的人口生育率和劳动年龄人口比例来看,中国经济发展所依靠的人口红利正在消失,思考如何将"人口红利"转变为"人才红利"是必由之路。"十四五"期间,我国高等教育事业发展应继续扎根中国国情,重视高校分类发展,注重人才培养质量,推动高等教育对接国家和区域发展需求,实现高等教育发展质的提升。

周坚和:"十四五"期间,各级各类高校应致力于通过科教融合、产教融合等途径,构建创新、协调、开放的高等教育体系,并且要敢于直面创新范式转变及全社会创新格局调整对自身贡献国家创新发展地位带来的严峻挑战。高校要充分利用"放管服"改革契机,在制度创新、体制机制创新上大胆前进,实现关键环节改革的破冰,释放办学活力。

🔓 贺祖斌点评

党的十九届五中全会是在"十三五"收官、"十四五"开局的重要历史交汇期召开的,具有特殊的战略意义。全会指出,我国已转向高质量发展阶段,随着新一轮科技革命和产业变革深入发展、国际力量对比深刻调整,我国发展环境面临深刻复杂变化。在此背景下,我认为总结"十三五"、谋划"十四五",协调处理好发展与规划的关系是当前高等教育面临的最为关键的两大任务。

从高等教育发展来看,"十三五"时期,随着毛入学率超过50%,我国高等教育迈入普及化阶段,普及化阶段的高等教育将呈现出多样化、个性化、现代化等趋势。我认为多样化表现在高等教育质量标准、评价标准、发展路径、发展类型等方面。未来,国家将制定紧跟时代发展的多样化高等教育人才培养质量标准,将改革教师评价、突出教育教学实绩、推进践行教书育人使命,将探索建立完善的高等学校分类发展政策体系,通过分类设置、分类指导、分类支持、分类评估,引导高等学校科学定位、特色发展。个性化要求高等教育以学习者为中心,建立渠道更加畅通、方式更加灵活、资源更加丰富、学习更加便利的终身学习体系,实现人人皆学、处处能学、时时可学,人民群众将有更多机会接受高质量、可选择、个性化的高等教育,高等教育内涵发展的制度体系将更加健全。现代化的基础在于信息化,高等教育要适应信息化不断发展带来的知识获取方式和传授方式、教和学关系的革命性变化,推动信息技术在教学、管理、学习、评价等方面的应用,以信息化推动高等教育治理能力和治理体系现代化,实现高等教育治理的法治化、制度化和规范化等。

我在《论高等教育高质量发展的十大要点》一文中指出,做好高等教育"十四五"规划应该从四个方面来看:一是向后看,即对"十三五"规划执行情况进行评估分析,结合具体指标进行总结和反思;二是向上看,面向2035年,深入学习贯彻落实党的十九届五中全会精神,对接国家、区域发展战略部署,明确区位优势与不足,认真做好顶层设计和规划;三是向前看,以理论为指导,关注高等教育研究领域的前沿成果,借鉴国内外高等教育发展经验;四是向下看,即自上而下开展调查研究,以问题为导向,关注广大人民群众对高等教育的要求。总之,"十四五"时期高等教育要坚持创新在我国现代化建设全局中的核心地位,把科技自立自强作为国家发展的战略支撑,深入实施科教兴国战略、人才强国战略和创新驱动发展战略,以高等教育现代化推动社会主义现代化。

2020

事件2

教育评价：
深化新时代教育改革的路线图

🕐 事件回顾

2020 年 10 月，中共中央、国务院印发了《深化新时代教育评价改革总体方案》（以下简称《总体方案》），明确了新时代我国教育评价改革的任务书和路线图。教育部相关负责人表示，"这是新中国第一个关于教育评价系统改革的文件，也是指导深化新时代教育评价改革的纲领性文件"。

【来源：《光明日报》2020 年 10 月 14 日】

👥 集体讨论

郭云卿：《总体方案》突出了新时代以立德树人为主旨的教育评价理念，涵盖党委和政府教育工作评价、学校评价、教师评价、学生评价、用人评价，贯穿教育治理体系的全过程；确立了党委和政府、学校、教师、学生、社会用人单位五个主体，分别从不同的角度根据当前存在的问题提出了不同的要求，为切实解决高校"重科研轻教学"的难题提供了制度保障。

孔　苏：以往教育评价更为看中数量、指标、比重等内容，忽视教育的本质是培养人，教育评价的本质是对"培养人"的评价，培养人首要看重的是德行。《总体方案》把立德树人作为根本任务，证明人的德行评价将成为教育评价的重要内容，这将有利于扭转当前教育评价不合理的趋势和导向。

杨婷婷：《总体方案》概括了教育评价的要义与精髓，直面教育评价领域的各种顽瘴痼疾，从源头上对教育评价改革进行规范设计，对于实现整个教育评价的科学化、规范化具有重要的推动作用。我们必须思考方案落地的问题：如何"破而后立"？如何避免"破而不立"或者流于表面？

李　娜：要落实评价改革任务，我以为有三个关键点：一是转变传统教育评价目标，明确育人为本的价值取向，确保教育评价发挥积极导向功能；二是全面细化教育评价标准，完善教育评价机制，确保教育评价工作的可操作性和有效性；三是调动多元主体参与教育评价的积极性，加强教育评价现代化手段，推动评价工作的常态化管理。

陈　洋：作为一名即将毕业的学生，我比较关注"改革用人评价"这一维度。教育部关于做好2021届全国普通高校毕业生就业创业工作的相关通知进一步明确破除"唯文凭"的用人导向，强调人岗匹配、以品德与能力为导向的人才使用机制，改变人才"高消费"状况，形成不拘一格降人才的用人氛围，能更好促进《总体方案》落实落地。

🔓 贺祖斌点评

习近平总书记在教育文化卫生体育领域专家代表座谈会上强调，要抓好深化新时代教育评价改革总体方案出台和落实落地，构建符合中国实际、具有世界水平的评价体系。《总体方案》是新中国第一个关于教育评价系统性改革的最高规格文件，为教育评价改革提供了全面、系统的改革方向和实施路径，是新时期深化教育教学改革、破解教育顽瘴痼疾的纲领性文件，确立了党委和政府、学校、教师、学生、社会用人单位五个评价主体，坚持以立德树人为主线，以破"五唯"为导向，着力做到政策系统集成、举措破立结合、改革协同推进。

教育评价关系到育人方式、办学模式、管理体制、保障机制诸方面的改革，关系到政府如何管教育、学校如何办教育的重大问题。《总体方案》的出台，找准了教育综合改革的"突破口",对今后教育评价深化改革、科学转型具有鲜明深刻、意蕴丰富的引领指导作用,明确了未来教育发展的趋势和路径。

《总体方案》明确提出,要扭转不科学的教育评价导向,坚决克服唯分数、唯升学、唯文凭、唯论文、唯帽子的顽瘴痼疾。"五唯"问题具体表现为以分数和升学率为唯一依据来评价学生、学校和教育从业人员,以文凭、论文和帽子为唯一依据来评价人才。这些问题已经成为深化教育综合改革的阻力。贯彻落实《总体方案》,要深刻反思,克服教育各领域、各环节存在的"五唯"问题,破立并举,提高改革实效。

《总体方案》中涉及高校教师评价的改革内容更加明确。比如,教育教学评价方面,不得将国(境)外学习经历作为教师聘用和职称评聘的限制性条件;落实教授上课制度,对未达到要求的给予年度或聘期考核不合格处理。科研评价方面,以质量为导向,不得将论文数、项目数、课题经费等科研量化指标与绩效工资分配、奖励挂钩;根据不同学科、不同岗位特点,坚持分类评价,推行代表性成果评价;淡化论文收录数、引用率、奖项数等数量指标,突出学科特色、质量和贡献;等等。这些改革,对于目前高校现有人才引进、科学研究、学科建设等是一个新机遇,必须按《总体方案》要求进行全面改革和完善。

相关阅读

"五破""五立"推进教育评价改革

围绕党委和政府、学校、教师、学生、社会五类主体,《总体方案》重点设计了五个方面22项改革任务,做到"五破""五立"。

1. 改革党委和政府教育工作评价。"破"的是短视行为和功利化倾向,"立"的是科学履行职责的体制机制。

2. 改革学校评价。"破"的是重智育轻德育、重分数轻素质等片面办学行为,"立"的是立德树人落实机制。

3. 改革教师评价。"破"的是重科研轻教学、重教书轻育人等行为,"立"的是潜心教学、全心育人的制度要求。

4. 改革学生评价。"破"的是以分数给学生贴标签的不科学做法,"立"的是德智体美劳全面发展的育人要求。

5. 改革用人评价。"破"的是文凭学历至上等不合理用人观,"立"的是以品德和能力为导向的人才使用机制。

——摘自:教育部网站 2020 年 12 月 16 日

2020

事件**3**

在线教学：
疫情背景下的高校教育教学改革

事件回顾

12 月 3 日,教育部召开新闻发布会介绍,新冠肺炎疫情期间,我国高校全部实施在线教学,108 万教师开出课程合计 1719 万门次,在线学习学生共计 35 亿人次,改变了高等学校教师的"教"、学生的"学"、学校的"管"和教育的"形态",形成了时时、处处、人人皆可学的教育新形态。

【来源:中国网 2020 年 12 月 3 日】

集体讨论

蒲智勇:这次史无前例的大规模在线教育实践,对运用信息化手段推进我国高校教育教学方式改革具有革命性意义,不仅有效抵御了疫情给教育系统带来的冲击,而且给中国教育变革植入了信息技术创新的基因,在客观上提升了各界对教育信息化的重视程度,加速了教育信息化的发展步伐。

刘微微:这次线上教学促进了优质教育资源的共享共用,特别是为经济发展薄弱地区、艰苦边远农村地区输送了优质资源,是推进教育公平的重要途径。我们应从长远出发,使"线上教学"作为战略工程走向"新常态",加快构建完整、系统的在线教育公共服务体系,实现受教育机会的人人平等、教育资源的有效共享、教育质量的不断提升。

罗惠君:本次在线教学规模之大、范围之广、程度之深,是世界高等教育史上前所未有的创举和全球范围内的首次实验,将传统线下教室里的教师面授课堂通过互联网平台搬到线上。中国技术实力过硬的企业还推出高校在线教学国际平台,满足高校海外留学生的学习需求,中国高等教育为世界高等教育提供了"中国方案"。

潘杰宁:庞大的在线教学体量,逐渐转变了教师的教学观念,改变了学生的学习方式,也倒逼教育教学管理做出相应的调整,教育的形态随之发生改变。如何适应"线上教学"这个新常态,如何将这场被迫开展的线上教学大练兵转化为促进高等教育质量整体提升的方法手段,值得我们思考。

孔　苏:高校实施在线教学具有天然的优势:一是教师与学生基本都是成年人,对于教育技术的理解与运用更为全面;二是高校在信息化建设方面一直持续投入,以往我们较为熟悉的是"精品课程""在线公开课""慕课"等。我国这次很好地完成了在线教学任务,反映我国教育信息化发展经受住了现实考验,但是,在线教学的质量问题仍然值得关注和深思。

杨婷婷:不可否认疫情期间线上授课为我们带了诸多便利,百岁老人厦门大学潘懋元教授疫情期间的线上授课创下线上教学教师最大年龄的记录。然而,线上教学也存在不可忽视的问题,教育发生在人与人之间,语言及非语言符号的互动以及情感的碰撞,才是教育拥有"烟火气"的根源。当有了工具为媒介,如何消减工具带来的负面影响,是从事教育教学的研究者应该思考的现实问题。

🔓 贺祖斌点评

2020 年,全国共有普通高校 2700 余所,它们分布在全国各地,各高校严格按照党中央、国务院的统一部署,与全国人民一起加入抗"疫"前线,按照教育部"停课不停教、停课不停学"的要求,开展大规模的线上教学。在新冠疫情的特殊时期,对高校教学改革既是一个挑战又是一个契机。本次在线教育的教学规模、教学范围和影响程度都是之前所没有达到的,不仅使高校成功应对疫情特殊时期的教学危机,而且极大促进了在线教育的实践。利用"互联网+""智能+"技术的在线教学已经成为中国高等教育和世界高等教育的重要发展方向。传统的教师单一讲授制转变成互动式的教学模式,教师教学方式不受空间的限制,教师的信息应用技术也进一步提高。许多老师对于在线教学也经历了从"排斥"到"使用"再到"喜欢"三个阶段。

在线教育在未来的教育中会成为常态,会渗透到高等教育的各个环节。我们应抓住疫情期间在线教育的契机,融合发展线下和线上教学模式,为高等教育普及化阶段的高质量发展注入新的动力。教学管理方面,可以依据在线教学的大数据实时把握教师教学情况与学生反馈情况,在此基础上对高校的专业评估和课程设置做调整。教师课堂方面,线上教学弥补了线下教学的缺陷,在教师的教学辅助方面有很大的发展空间;教师在线教学理论基础和实践经验不足,与学生的情感交流减少等问题还需进一步改善。学生方面,线上课堂提供了更多的自主空间,从"他学"转到"自学",如何在智能化的课堂环境里增加和优化同学之间的合作形式是教学中需要考虑的问题。教学效果和评价方面,在线听课的人数和时长可以客观地反映教师的教学效果,如何对学生学习效果进行有效评价也是需要解决的问题。在线教学将为终身教育提供基本保障,"学分银行"的理念将被普遍接受。

据悉,我国慕课数量和应用规模位居世界第一,截至 2020 年 12 月,上线慕课数量增至 3.2 万门,学习人数达 4.9 亿人次,在校生获得慕课学分人数 1.4 亿人次。学习革命推动了高等教育深刻变革。如何提升线上教学质量?如何合理利用资源依托在线教育来促进教育公平?这些问题值得在实践中进一步探索。

相关阅读

在实践中创造高校在线教学新高峰

疫情期间的高校在线教学实践,可以用"三个全"来概括其特点。

一是全区域,全国所有地区、所有高校纷纷采取行动开展在线教学。截至 5 月 8 日,全国 1454 所高校开展在线教学。103 万名教师在线开出了 107 万门课程,合计 1226 万门次课程,其中既包括理论课,也包括实验课;参加在线学习的大学生共计 1775 万人,合计 23 亿人次。

二是全覆盖,开设课程覆盖本科理、工、农、医、经、管、法、文、史、哲、艺、教全部 12 个学科门类。

三是全方位,课程类型包括公共课、专业基础课、专业课、理论课、实验课等多种类别,授课模式有直播课、录播课、慕课、远程指导等多种形态。

——摘自:《中国教育报》2020 年 5 月 15 日

2020

事件**4**

内涵发展:
全国研究生教育会议推动创新人才培养

🕐 事件回顾

7月29日,全国研究生教育会议在北京召开。习近平总书记就研究生教育工作做出重要指示,党和国家事业发展迫切需要培养造就大批德才兼备的高层次人才,研究生教育在培养创新人才、提高创新能力、服务经济社会发展、推进国家治理体系和治理能力现代化方面具有重要作用。

【来源:《人民日报》2020年7月30日】

👥 集体讨论

孔　苏:当前我国研究生教育由大规模向高质量转变,需要把握两对关系:一是"进口"与"出口"的关系;二是"精"与"专"的关系。《关于加快新时代研究生教育改革发展的意见》公布,意味着将对招考把关更加严格,牢牢把握研究生"入口关"和"出口关",提升研究生培养质量。

周坚和:推动新时代研究生教育改革发展,培养造就大批德才兼备的高层次人才,必须坚持党对研究生教育的全面领导,坚持"四为"方针,瞄准科技前沿和高精尖关键领域,深入推进学科专业调整,提升导师队伍水平,持续深化研究生培养模式改革,加强国际合作,着力增强研究生实践和创新能力。

何俊生:当前研究生教育中依然存在诸多问题:过度强调导师的学术指导能力,忽视导师的师德师风建设;培养目标与社会需求相脱节,学生的创新能力普遍不足;评价制度与培养质量不协调,在研究上重结果轻过程、重数量轻质量。基于此,一方面应强化导师的师德师风建设,把牢立德树人的根本目标;另一方面应提升研究生的科研和创新能力,真正实现研究生培养的高质量发展。

罗惠君:教育部教育 2020"收官"系列新闻发布会数据显示,我国在学研究生总规模今年将达 300 万人,专业学位硕士招生占比目前已超过 60%。然而,相较于发达国家,我国专业学位教育仍处在摸索发展阶段,人才培养模式仍依附于学术学位教育,未展现出培养高级技术型和应用研究型人才的独特优势。

张颖佳:作为一名在读研究生,我特别关注研究生教育大会的召开及后续发布的诸多文件。在研究生逐年扩招的前提下,个人如何成为德才兼备的、适应社会需求的人才是我们需要考虑的问题,我希望在未来的学习中可以找到答案。

🔓 贺祖斌点评

2020 年 3 月,教育部印发通知明确 2020 年计划扩招硕士研究生 18.9 万人,我国研究生在读人数突破 300 万大关,我国已成为研究生教育大国。在首次全国研究生教育会议以及为贯彻落实全国研究生教育会议精神而出台的一系列举措中,"创新改革"成为关键词。其中相继出台的《关于加快新时代研究生教育改革发展的意见》《专业学位研究生教育发展方案(2020—2025)》等,预示我国研究生教育将进入新的征程,为新时期研究生教育改革和内涵式发展指明了方向,即坚持"四为"方针,严格质量管理,聚焦国家和区域重大发展战略,扩大专业学位研究生培养规模,规范研究生导师指导行为等。

2019 年我国高等教育毛入学率达到 51.6%,党的十九届五中全会明确我国已进入高等教育普及化发展阶段。研究生教育作为新时代"精英"教育,担负着为国家发展培养高层次人才的使命,如何保证研究生教育质量是实现高等教育内涵式发展的重要环节。提升研究生教育质量应该从以下五个方面着手:

一是强化导师队伍建设,坚持立德树人,坚持专业素养和道德修养两条腿走路。导师对研究生进行全方位的指导,是影响研究生教育质量的重要因素,因此,高校要严控导师队伍质量,重视师德师风建设。

二是优化学科专业布局。学科建设要适应甚至引领社会发展,研究生教育要立足国家科技前沿和人才紧缺领域,关注交叉学科和学科群建设,培养复合型高水平人才。

三是完善人才培养体系。我国专业学位研究生培养发展空间仍然广阔,要充分发挥专业学位研究生培养的优势,提供多样化、个性化的教育服务,为社会培养不同类型的人才。

四是重视研究生教育的开放合作。广泛吸取国外高等教育优秀办学经验,借鉴其先进的办学理念和管理模式,培养研究生国际化视野。

五是重视关键领域。今年教育部在部分高校开展的基础学科招生改革试点聚焦高端芯片与软件、智能科技、新材料、先进制造和国家安全等关键领域以及国家人才紧缺的人文社会科学领域,本硕博贯通培养有志于服务国家重大战略需求且综合素质优秀或基础学科拔尖的学生。

📖 相关阅读

研究生导师指导行为准则（节选）

1. 坚持正确思想引领。

2. 科学公正参与招生。

3. 精心尽力投入指导。

4. 正确履行指导职责。

5. 严格遵守学术规范。

6. 把关学位论文质量。

7. 严格经费使用管理。

8. 构建和谐师生关系。

——摘自：教育部网站 2020 年 11 月 4 日

2020

事件5

课程思政：

全面落实高等学校立德树人根本任务

事件回顾

5月28日,教育部印发《高等学校课程思政建设指导纲要》(以下简称《纲要》),全面推进高校课程思政建设。《纲要》指出,全面推进高校课程思政建设是深入贯彻习近平总书记关于教育的重要论述和全国教育大会精神、落实立德树人根本任务的战略举措,高校要深化教育教学改革,充分挖掘各类课程思想政治资源,发挥好每门课程的育人作用,全面提高人才培养质量。

【来源:教育部网站2020年6月1日】

集体讨论

郭云卿:教师是高校教育教学活动的主要组织者和实施者,要全面推进高校课程思政建设。办好思想政治理论课的关键是教师,教师只有政治立场坚定、师德师风良好,才能真正成为立德树人的榜样,成为大学生成长过程中的"引路人"。因此,全面推行课程思政,必须优先全面提升大学教师思政育人的意识和能力,真正实现全员育人。

潘杰宁：对于广大教师来说，课程思政还是一个新生事物，从系统全面的认识到在课堂教学中的实践，还需要充足的培训引导和实践探索。只有解决了"为何教""教什么""在哪教""谁来教""谁来管"等课程思政的基本问题，才能真正解决专业教育与课程思政"两张皮"的现象。

黄春蕾："课程思政"不等同于"思政课程"，课程在先、思政在后，意味着课程思政是通过各类课程资源渗透思想政治教育，并不仅仅专属于个别思想政治理论课程，高等学校建立全方位课程思政体系就显得尤为重要。

王文丽：高校思政建设要紧紧抓住教师队伍"主力军"、课程建设"主战场"、课堂教学"主渠道"，这三个方面是统一的整体，相互促进协调且不可分割。在信息化时代，课程思政需紧扣时代主题，整合优势资源、组织开展线上思政必修课可作为课程思政建设的一项举措。

陈　洋：课程思政并不是把每堂课都变成思想政治课，正如习近平总书记所说的，好的思想政治工作应该像盐，要把它融入每道菜中自然而然吸收。课程思政需充分结合当代青年大学生的成长特质，并挖掘课程思政资源、创新思政教育形式，坚持立德树人、落实"三全育人"工作方针。

罗惠君：我注意到《纲要》将人才培养作为高校课程思政建设的核心和重点，要求实施过程中结合专业特点及其思维方式、深入教学内容。思政内容与专业课程内容相融合，可增强学生对所学专业的认同感，同时也培养学生的责任心和使命感。

🔓 贺祖斌点评

《纲要》的印发，是教育部深入贯彻落实习近平总书记关于高校思想政治教育工作一系列重要指示的关键举措，为高校进一步深化教育教学改革，发挥课程育人作用提供了重要指导。落实课程思政教育教学改革，打造"三全育人"格局，切实把立德树人根本任务贯彻到教育教学全过程。这就要求不只是思政课教师，所有教师都是育人的"主力军"；不只是思政课程，所有课程都是育人的"主战场"；不只是课堂教学，课外教学、实习实践也都是育人的"主渠道"。《纲要》从内容体系、课程教学体系、课堂教学建设、教师课程思政建设意识和能力、工作机制等方面全流程、系统化地对高等学校课程思政建设进行了安排部署，力图构建思政课程、课程思政互相补充、相辅相成的大学生思想政治教育体系,帮助学生塑造正确的世界观、人生观、价值观,解决专业教育与思政教育"两张皮"的不合理现象,全面形成育人合力,发挥出课程育人应有的功能。

从"思政课程"到"课程思政"的转变,意味着思想政治教育工作的全面化。课程思政不是课程本身的单一改革,课程本身可被看作分类知识的集合,在教与学的过程中,隐含着知识文化、教学文化、思想文化等。在具体建设过程中,各专业各类课程要以符合自己特点的方式,有机地融入思政元素,充分挖掘各学科课程所蕴含的思想政治教育元素和所承载的思想政治教育功能,使思政教育"入耳、入脑、入心",实现思想政治教育与专业教育、育人与育才的有机统一,提升课程思政水平和实效,促进学生的全面发展。我认为,课程思政落到实处要把握好教师、课程、课堂三个关键载体。高校在制定本校课程思政建设方案时,应着重构建五个体系:一是聚焦规划设计,构建专业课程思政教学体系;二是创新教学改革,打造立体化思政育人课程体系;三是提升教育教学能力,组建优质课程思政教师队伍体系;四是强化标杆引领,塑造课程思政特殊示范体系;五是保证建设的规范性与有效性,加快构建课程思政工作评价体系。

相关阅读

教师课程思政建设意识和能力的五个方面创新要求

1.要"广共享",建立健全优质资源共享机制,分区域、分学科专业领域开展经常性的典型经验交流、现场教学观摩、教师教学培训等活动。

2.要"强培训",将课程思政建设要求和内容纳入教师岗前培训、在岗培训和师德师风、教学能力专题培训等。

3.要"重合作",充分发挥教研室、教学团队、课程组等基层教学组织作用,建立课程思政集体教研制度。

4.要"树表率",鼓励支持院士、"长江学者"、"杰青"、国家级教学名师等带头开展课程思政建设,充分发挥其示范带动作用。

5.要"深研究",加强课程思政建设重点、难点、前瞻性问题的研究,在教育部哲学社会科学研究项目中积极支持课程思政类研究选题。

——摘自:教育部网站 2020 年 6 月 5 日

2020

事件6

体美劳教育：

培养全面发展的社会主义

建设者和接班人

🕐 事件回顾

3月20日,中共中央、国务院印发《关于全面加强新时代大中小学劳动教育的意见》,7月7日,教育部印发《大中小学劳动教育指导纲要(试行)》,同年10月,中共中央办公厅、国务院办公厅印发《关于全面加强和改进新时代学校体育工作的意见》和《关于全面加强和改进新时代学校美育工作的意见》。

【来源:《中国教育报》2020年12月15日】

👥 集体讨论

何俊生:20世纪50年代我国把"教育与生产劳动相结合"写入党的教育方针,新时代党的教育方针提出培养德智体美劳全面发展的社会主义建设者和接班人。然而,以分数为主的教育评价导致"五育"失衡,中央颁布系列关于劳动教育、体育、美育政策,为均衡"五育"发展指明方向。

陈庆文:劳动教育绝不是让学生学会简单的体力劳动甚至重复性的机械操

作,其核心和本质是发挥育人价值。高校劳动教育不仅要培养学生懂劳动、会劳动、爱劳动,更要坚持育人导向,培养学生的创新意识和创造能力,使学生在劳动中培养品德、塑造自我,实现由知理论到重践行、树信仰的转变,推动"以劳树德、以劳创新、以劳育美"价值目标的实现。

蒲智勇:高校开展劳动教育,要体现出高校大学生区别于中小学生的特殊性,大学生在劳动教育上应该达成的目标,不应仅限于拿到几个学分、修完了相应课程这么简单。如今,本科生、研究生送外卖经常成为新闻热点,这本身反映出社会对高校学生从事体力劳动存在一定的偏见,高校内部对此也有不同的声音。

张颖佳:体育不仅仅意味着强身健体,对于缓解焦虑、抑郁以及不良情绪也具有十分重要的作用。美育重在培养学生对美的感受,帮助学生认识美、鉴别美。体育和美育有利于健全学生的人格,帮助学生培养是非观念以及学会在面对高压时如何正确宣泄自己的情绪。

黄春蕾:我较为关注的是实施效果的评价问题。对于学生而言,美育评价是检验学生艺术素养的方式;对于高校而言,美育评价则是一根"指挥棒",指引着高校着重结合专业特点以及区域特色,因地制宜探索美育建设。如何对高校美育进行评价、以何种标准进行评价,值得思考。

🔓 贺祖斌点评

2020 年,中共中央、国务院颁布了系列关于加强劳动教育、体育、美育工作的意见,对此,我们可以从三个角度来理解。

第一,劳动教育。由于劳动教育被淡化、弱化,一些青少年中出现不珍惜劳动成果、不想劳动、不会劳动的现象,这与社会主义建设者和接班人的培养要求有较大差距,因此必须切实加强大中小学劳动教育。劳动教育旨在促进学生形成正确的观念、养成良好的习惯,劳动教育磨炼心智的过程是促进学生全面发展的强大动力。另外,在未来的劳动教育发展中,要把握好"度",即协调"五育"齐头并进、强化"五育"相互结合、倡导积极适当劳动、避免变相体力劳动。把握好劳动教育的"度",才能正确发挥其在培养全面发展人才过程中的积极意义。

第二,体育。虽然我国高等教育总体上已进入普及化阶段,但是地区之间高等教育发展不均衡问题以及资源分配不合理问题依然需要被重视。新时代高校体育工作的推进,离不开对中西部地区体育办学条件的改善,这可以从配备专业师资队伍、完善场地设备器材、整合地区多方资源等方面入手,协调东部地区优势体育资源实现共享,着重提高资源配置的合理性与利用率,促进高等教育均衡发展。

第三,美育。美育是潜移默化培养学生心灵的过程,也是促进德育、智育发展的环节,更是贯彻落实思想政治教育的方式。虽然美育更侧重于思想意识层面的培养,但是在培养全面发展人才的过程中美育并不是独自封闭的,其表现形式反而更加多元化,我们可以从道德、智慧、体育、劳动中发现美的足迹,德育、智育、体育、劳动教育中也可以渗透美育的元素。因此,高校推进美育工作不仅要注重弘扬中华民族优秀传统文化,牢固社会主义核心价值观,增强民族文化自信心,更要注重树立融合创新理念,充分将美育贯穿于学科课程与实践活动全过程,渗透于德育、智育、体育、劳动教育全方位,培养具有高尚品格、创新能力的全面高素质人才。

劳动教育、体育、美育归根结底服务于立德树人这一根本任务,任何一项都不是孤立发展的,德育、智育、体育、美育、劳动教育"五育"并举,才能培养全面发展的社会主义建设者和接班人。我们需要进一步探讨在高校教育中如何将劳动教育、体育、美育融入课程及其他各项活动中,培养全面发展的社会主义建设者和接班人。

📖 相关阅读

大力推进德智体美劳"五育"有机渗透(节选)

劳动教育是中国特色社会主义教育体系的重要组成部分,是实现立德树人根本任务的重要要求。加强劳动教育关键在于把握规律、体现时代性、富于创造性,科学谋划、优化协调、精准高效、扎实推进。

第一,推进劳动教育与思想政治教育相结合。

第二,推进劳动教育与专业教育相结合。

第三,推进劳动教育与实习教育相结合。

第四,推进劳动教育与创业教育相结合。

第五,推进劳动教育与志愿服务相结合。

——摘自:《中国教育报》2020 年 4 月 14 日

2020

事件**7**

新文科建设：

构建中国特色的文科教育

治理保障体系

🕐 事件回顾

11月3日，由教育部新文科建设工作组主办的新文科建设工作会议在山东大学（威海）召开。会议发布《新文科建设宣言》，对新文科建设做出全面部署。会议指出，文科教育是培养自信心、自豪感、自主性，产生影响力、感召力、塑造力，形成国家民族文化自觉的主战场主阵地主渠道。新文科建设对于推动文科教育创新发展、构建以育人育才为中心的哲学社会科学发展新格局、加快培养新时代文科人才、提升国家文化软实力具有重要意义。

【来源：教育部网站 2020 年 11 月 3 日】

👥 集体讨论

王国亮：新文科建设于 2018 年 10 月初现端倪，教育部"六卓越一拔尖"计划 2.0 版，在原有数学、物理等学科基础上，增设心理学、哲学、历史学等人文学科。一些高校相继开设人文科学实验班，探索新文科人才培养新模式。2020 年，新文科建设工作会议的召开和《新文科建设宣言》的发布,为新文科建设制定了施工图,吹响了开工号,对推动中国高等教育改革创新具有重大引领作用。

黄　令:国家召开新文科建设大会,发布《新文科建设宣言》,依托山东大学成立"全国新文科教育研究中心",明确了国家经济社会发展对新文科建设的要求,对新文科的功能、发展原则、建设目标和任务、实现路径等方面指明了方向,将大大加速我国高教战线"新文科"建设的历程。

陈庆文:文科教育是培养文化自信心、自豪感的主要载体,是产生文化影响力、感召力,形成国家民族文化自觉的主战场。新文科建设不仅影响文科本身,更影响我国高等教育全局。教育部关于新文科建设的立意高远,其不仅对于发展高等教育,而且对于提升综合国力、坚定文化自信和培养时代新人都具有重要的战略意义。

李　娜:落实新文科之"新"关键在于三"破"三"立",即要打破单向度以知识传授为主的定式思维,打破以单一性学科为主的知识壁垒,打破制约融合创新发展的制度藩篱;树立以融会贯通、全球视野为取向的博雅教育理念,建立学科交叉融合的课程体系和人才培养模式,建立具有"中国作风"和"中国气派"的文科教育体制机制。

孔　苏:文科与理工科最大的不同是思维方式和研究方式的不同。"新"的主要表现,我想也是在思维方式和研究方式上。文科思维倾向复杂与模糊,不追求结果的唯一性,研究方式多为思辨研究或文献研究。但是,如果"新文科"一味要求思维方式和研究方式按照理工科的方法进行,那么这很难说是一种真正的"新",应该强调二者交叉、融合,而不是生搬硬套。

🔓 贺祖斌点评

《新文科建设宣言》的发布,是教育部"新工科、新医科、新农科、新文科"建设中的主要举措之一。什么是新文科?为什么建设新文科?如何建设新文科?"新"不仅涉及思维和研究方式,更是学科交叉、融合的体现。"新文科"是文科教育的创新发展,目的是培养知中国、爱中国、堪当民族复兴大任的新时代文科人才、社会科学家,构建哲学社会科学中国学派,创造光耀时代、光耀世界的中华文化。对于为什么建设新文科,刚刚大家其实已经谈到了,因为文科教育拥有独特地位。

我们处在"百年未有之大变局"时代,社会大变革呼唤新文科、国家软实力需要新文科、造就新时代新人需要新文科、文化繁荣需要新文科。

高等学校应如何推进新文科建设?正像宣言中强调的一样,需要突出几方面:

一是促进专业优化。积极推动人工智能、大数据等现代信息技术与文科专业深入融合,积极发展文科类新兴专业,推动原有文科专业改造升级,实现文科与理工农医的深度交叉融合,不断优化文科专业结构。

二是夯实课程体系。开设跨学科跨专业新兴交叉课程、实践教学课程,培养学生的跨领域知识融通能力和实践能力。

三是推动模式创新。聚焦应用型文科人才培养,开展法学、新闻、经济、艺术等系列大讲堂,促进学界业界优势互补。

四是打造质量文化。坚持学生中心、坚持产出导向、坚持持续改进,构建中国特色的文科教育质量保障体系,建设文科特色质量文化,强化高校质量保障主体意识,促进文科人才培养能力持续提升。

高校推进新文科建设,应将以上几方面建设作为基础,培养适应新时代要求的应用型复合型文科人才,同时还应夯实基础学科、发展新兴学科、推进交叉学科。我想,要将新文科建设的理念和方案落实到学校的各项工作中,需要学校顶层设计、文科学科、教学管理以及广大师生共同参与和努力!

2020

事件 **8**

均衡发展：

新时代振兴中西部高等教育新机遇

🕐 事件回顾

9月1日，中央全面深化改革委员会第十五次会议审议通过了《关于新时代振兴中西部高等教育的若干意见》（以下简称《若干意见》），强调：全面贯彻党的教育方针，落实立德树人根本任务，推动实现内涵式发展，主动对接重大区域发展战略，扎根中国大地办大学，突出优势特色、汇聚办学资源、促进要素流动，有效激发中西部高等教育内生动力和发展活力，推动形成同中西部开发开放格局相匹配的高等教育体系。

【来源：《人民日报》2020年9月2日】

👥 集体讨论

郭云卿：受经济、地理环境等因素影响，长期以来中西部地区的高等教育发展与东部地区存在较大差距。为了缩减差距，国家出台了一系列促进中西部地区高等教育发展的政策和措施。《若干意见》不仅对中西部高等教育改革发展提出了新要求，也为中西部高等教育加速发展指明了前进的方向。

周坚和：2018 年以来,我国确定了雄安新区、粤港澳大湾区、长三角、海南自贸试验区和"一带一路"以及中西部地区的"四点一线一面"高等教育的战略布局。其中,中西部地区是战略发展布局中的弱点和短板,需要重塑和打造。

王国亮：中西部地区高等教育资源集中在主要中心城市,适度"抱团取暖"将成为中西部高等教育质量提升的重要路径。在中心城市的带动下,周围中小城市形成合理产业梯度,主动回应和跟随中心城市发展步伐,逐步形成高等教育系统与城市资源接轨协调、辐射带动、互利共赢的良性生态系统。

杨婷婷：怀特海说,大学组织的全部艺术在于供应一支用想象力点燃学问的教师队伍。发展中西部高等教育,核心是人才队伍的构建。培养当地人才、引进并留下外来优秀人才是提升中西部高等教育内生动力的主渠道。

黄春蕾：我认为"高校银龄教师支援西部"是调动东部优势资源支持中西部地区的一个典范。国家从部属高校中选派教学科研经验丰富的退休教师支援西部高校,既符合新时代加强教师队伍建设的精神,又弥补了西部地区高等教育的短板,提高了高等教育资源配置效率。

张颖佳：教育资源的转移是需要时间的,在无法促进教育资源要素快速流动的情况下,我认为中西部高等教育应就自身的资源优势进行多方位挖掘,形成自己的办学特色,助力区域和社会发展。

🔓 贺祖斌点评

我刚参加完在西安举办的西部师范大学教师教育创新与发展联盟成立大会,对落实中央关于新时代振兴中西部高等教育相关政策有了更深的体会。中西部高等教育是我国高等教育的重要组成部分,发展中西部高等教育是弥合东西部高等教育差距,实现中国高等教育强国和教育现代化必由之路。仅拥有一批世界一流的大学和一流的学科不足以建立一个强大的高等教育体系,强大的高等教育体系必定是一个相对均衡的生态系统。中国高等教育资源区域失衡现象持续已久,从整体上看,我国高等教育已经实现普及化,但是云南、广西、贵州、西藏等中西部省(区)仍处于高等教育大众化阶段。我认为,高等教育集群发展应从以往粗放型的省域布局转变为精细化的城市布局。东部沿海发达地区,高等教育资源比较丰富。中西部地区,高等教育资源主要集中在区域中心城市,如昆明、成都、重庆等。西部区域内也存在着不平衡。以广西为例,高校资源不多且优质的高等教育资源少,全区共有85所高校,从高校布局结构来看,本科高校主要集中在南宁和桂林这两个城市。因此,广西高等教育的集群发展,必须以南宁和桂林为中心加强高等教育集聚区建设,着力提升高等教育水平,努力形成广西高等教育领域的"双核驱动"格局。

中西部高等教育建设,我认为,需要从以下几个方面着力。一是围绕服务地方经济社会发展。根据不同区域发展特点,综合考虑各个城市的产业、文化和历史等因素,形成独具地方特色、有利于地方产业发展的高等教育,特别是要充分挖掘与区域经济社会发展相向而行的内在规律,围绕中西部现代制造业和战略性新兴产业等发展需要,构建大学与城市、产业融合发展新格局。二是形成区域高等教育特色办学、错位发展格局。高校根据自身办学层次、办学类型及资源优势,形成独特的办学特色,集中资源突出亮点。三是深化区域高等教育协同发展。在专业建设和人才培养中,构建高校、企业、行业和地方政府之间相互协作、优势互补、资源整合、开放共享的协同育人体系。四是东部高等教育支援中西部发展,扶持中西部现有的高等院校,重视人才培养,提升其教育质量。我相信,经过国家对中西部高等教育的支持和中西部高等教育自身的努力,定能形成同中西部开发开放新格局相匹配的高等教育体系。

📖 相关阅读

西部教师教育振兴宣言(节选)

2020年12月5日,西部师范大学教师教育创新与发展联盟高校齐聚古都西安,共商新时代西部教师教育振兴大计,共话西部教师队伍建设改革,共谋西部教师教育协同创新平台建设,共同发布"西部教师教育振兴宣言"。

我们不忘初心,坚定政治站位,高扬红烛精神,托举强国梦想,奠基民族复兴;我们牢记使命,坚守主责主业,彰显师范特色,深化内涵发展,振兴教师教育;我们求真务实,坚持问题导向,支撑基础教育,促进优质均衡,凝聚民心认同。

——摘自:陕西师范大学官网 2020 年 12 月 5 日

2020

事件 9

产业学院：

构建高等学校校企合作的新型学院

事件回顾

2020 年,教育部等部门先后印发《未来技术学院建设指南(试行)》《现代产业学院建设指南(试行)》。未来技术学院建设瞄准未来 10—15 年的前沿性、革命性、颠覆性技术发展,培养未来科技创新领军人才;现代产业学院建设瞄准地方经济社会发展的迫切要求,旨在建设若干高校与地方政府、行业企业等多主体共建共管共享的现代产业学院,造就大批产业需要的高素质应用型、复合型、创新型人才。

【来源:新华网 2020 年 9 月 4 日】

集体讨论

蒲智勇:灵活多样地设立二级学院、专业和课程,是高校未来高质量发展的方式之一。校企合作设立学院,改变了过去以学术、学科为导向的设立模式,改变了以理论研究为主的设立原则,积极考虑与企业、产业合作,邀请企业人员兼任学院教师或管理人员,实现与产业企业对接。

刘微微：无论是未来技术学院建设，还是现代产业学院布局，都是探索前沿科技发展、创新应用型人才培养的新模式，是把握新工科建设内涵，强化新工科与新医科、新农科、新文科融合发展，顺应科技革命、产业革命的应然之举。

黄春蕾：无论哪一学科都要适应时代的发展，满足社会对人才培养提出的要求。现代产业学院与未来技术学院的建设是高等学校职能的深化，高校在服务社会中实现科研价值，同时也在服务社会中促进科研发展。

何俊生：高校人才培养应服务于地方发展。产业学院人才培养质量能否得到社会认可？毕业生和职业技术人才有何区别？学生素质能否符合经济社会的需求？这些将是现代产业学院建设需要着重考虑的问题。

王文丽：两种学院在具体教学模式上都实行"引企入教""校企合作"，企业加入课程的制定并提供最前沿的知识和技术。但是，在运行过程中需要考虑高校自身的培养计划并保持大学应有的学术自由，设置合作的红线和底线。

陈　洋：现代产业学院、未来技术学院的创立以产业需求为导向，注重创新型、复合型、应用型高水平人才的培养，旨在引领产业变革、技术创新，为推动"中国制造"转向"中国质造""中国创造"提供智力支撑。

🔓 贺祖斌点评

　　当今世界正经历百年未有之大变局，新一轮科技革命和产业变革深入发展，国际力量对比深刻调整，国际环境日趋复杂，各种不稳定性和不确定性因素明显增加。在这样一个世界格局大变革、大调整的背景下，党的十九届五中全会提出，要把科技自立自强作为国家发展的战略支撑，面向世界科技前沿、面向经济主战场、面向国家重大需求、面向人民生命健康，深入实施科教兴国战略、人才强国战略、创新驱动发展战略，完善国家创新体系，加快建设科技强国；要坚持把发展经济着力点放在实体经济上，坚定不移建设制造强国、质量强国、网络强国、数字中国，推进产业基础高级化、产业链现代化，提高经济质量效益和核心竞争力。面对"十四五"规划中坚持创新驱动发展和加快发展现代产业体系的重要任务和使命召唤，现代产业学院、未来技术学院的成立是高等学校顺应时代发展和科技强国的需要。

　　高等学校在原有学科的基础上建立现代产业学院，一是要突出深化产教融合及特色鲜明、与产业紧密联系的学科专业，确立学院新的办学思路，加快培养适应和引领现代产业发展的高素质应用型、复合型、创新型人才,支撑我国经济与社会高质量发展。二是建立产学研协同育人机制,主动对接区域产业发展需求,瞄准与地方经济社会发展的结合点,突破传统路径依赖,探索产业链、创新链和教育链有效衔接机制,建立新型信息、人才、技术与物质资源的高效共享机制,完善产教融合协同育人机制,创建高等教育与产业集群联动发展机制。三是推动高校分类发展、特色发展,打造一批融人才培养、科学研究、技术创新、企业服务、学生创业等功能于一体的示范性人才培养实体,为应用型高校建设提供新的办学模式。另外,未来技术学院的布局和建设,聚焦未来革命性、颠覆性技术人才需求的重大改革,坚持中国特色、面向未来、交叉融合、科教结合、学生中心、开放创新,着力做好未来科技创新领军人才的前瞻性和战略性培养。

现代产业学院、未来技术学院的建设,为"科技自立自强"的国家发展战略的实施,为培养更多创新人才特别是拔尖创新人才,同时加大应用型、复合型、技术技能型人才培养,为服务经济社会高质量发展奠定了基础。

📖 相关阅读

现代产业学院的申请条件

1.人才培养主要专业与区域产业发展具有高度契合性,相关专业已经列入"国家级一流专业"建设范围,具有相对优势。

2.相关产业列入区域发展整体规划;参与的企业主体参考产教融合型企业相关要求,在区域产业链条中居主要地位,或在区域产业集群中居关键地位。

3.具有相对稳定的高水平教学团队。

4.相关企业主体参与的兼职教师人员,中、高级专业技术职务的人员数量不低于高校专职教师的数量。

5.加强产教融合,实践教学学时不低于专业人才培养方案总学时的30%。

6.具有相对丰富的教学资源。

7.初步形成理念先进、顺畅运行的管理体系。

8.学校能够提供相对集中、面积充足的物理空间,每年提供稳定的经费支持,用于人员聘任、日常运行。

9.学校给予发展所需政策扶持。

——摘自:教育部网站 2020 年 8 月 11 日

2020

事件**10**

独立学院转设：

应用型高校转型发展再出发

🕒 事件回顾

5月,教育部办公厅印发《关于加快推进独立学院转设工作的实施方案》(以下简称《实施方案》),明确到2020年末,各独立学院需要全部制定转设工作方案,同时推动一批独立学院实现转设。这是教育部为引导民办高等教育健康规范发展,推进高等教育治理体系和治理能力现代化的战略部署。

【来源:中国教育在线2020年5月23日】

👥 集体讨论

王国亮:20世纪90年代末,正值高校扩招,为解决扩招和政府投入不足之间的矛盾,一些公办高校开始与民间力量合作办学,独立学院应运而生。2003年,独立学院开始在国家政策的支持下向自主办学机构过渡。2006年,教育部提出"独立学院视需要和条件可以逐步转设为独立建制的民办普通高等学校"。2020年《实施方案》的颁布强力推动独立学院加速转设。

郭云卿：独立学院在我国高等教育大众化进程中发挥了满足高等教育多样化需求和推动高等教育体制创新的作用，但也存在挤占公办学校资源、挤压民办学校生存空间的弊端。因此，完成独立学院的转设工作是维护我国高等教育公平的重要保证。

黄　令：独立学院依托母体高校品牌资源、师资队伍，为我国扩大高等教育规模做出了重要贡献。除上述问题外，我认为独立学院在发展过程中存在的法人地位未落实、产权归属不清晰、体制机制不顺畅、经费管理不规范、内部治理不健全等问题也日益突出，并在一定程度上影响了学校发展。

潘杰宁：独立学院转设面临三种抉择，一转公办，二转私立，三停止办学。转公填补地方类院校空白；转私分层分类办学，满足人民多元化教育需求；停止办学是教育需求的优胜劣汰，对于促进地方高校整体教育水平提升具有划时代意义。

王文丽：《实施方案》将推动独立学院转设并规范发展，推动其专业设置对接社会需求、课程内容对接职业标准、教学过程对接实践过程，把办学思路真正转到服务地方经济社会发展、产教融合、校企合作、培养应用型人才、增强学生就业创业能力上来。

刘微微：独立学院转设的关键在于推动母体学校妥善退出独立学院办学，难点在于依法依规办理资产转移过户工作，重点在于按转设要求夯实办学条件。政府、母体学校、投资方三方联动是实现独立学院再次创新，推动中国高等教育发展进入新阶段的根本保障。

🔓 贺祖斌点评

我曾经担任过两所独立学院的院长，对独立学院的兴起和发展有着很深的体会。为推进高等教育大众化，20 世纪 90 年代后期，部分公办本科高校创建"国有民办"的独立二级学院。1999 年，浙江大学城市学院被教育部批准为国内第一所独立学院，之后独立学院开始迅猛发展。2003 年 4 月，以教育部《关于规范并加强普通高校以新的机制和模式试办独立学院管理的若干意见》为标志，独立学院进入依规发展的新时期。

独立学院作为一种创新性的办学模式，一方面兼具了公办和民办的双重优势，另一方面也日益凸显其非公非民的弊端。2008 年 2 月，教育部发布《独立学院设置与管理办法》,规范独立学院办学;2018 年 12 月,教育部印发《关于做好 2018 年度高等学校设置工作的通知》,独立学院进入转设"快车道";2020 年 5 月,教育部印发《关于加快推进独立学院转设工作的实施方案》,提出了"能转尽转、能转快转"的要求,明确了独立学院转设的时间表和路线图。

在独立学院转设过程中所涉及的利益相关方比较复杂,我认为,应该明确以下几方面的问题:一是理清产权问题。独立学院主要依托母体高校有形和无形资产的投入,同时在其发展过程中又有不同类型和不同性质的社会资金注入,形成了主体多元、产权多元的办学格局,这就需要依据相关制度与政策以及明确的实施方案来理清其产权问题。二是创新转设路径。独立学院转设要因地制宜,实施"一校一策",探索符合政策要求的多样化转设模式。基于投资主体的不同,独立学院有"民办型""国有型""校中校""混合型"等类型,多样化的办学主体决定多元化的转设路径,可探索不同类型的高校办学模式。三是明确发展定位。如何探索独立学院转设之后的高质量发展,是其面临的根本问题。独立学院转设后应坚持走聚焦应用、错位发展的路径,打造具有鲜明特色的学科体系和人才培养模式。四是坚持以人为本。在转设过程中,充分尊重教师和学生的主体地位,使教师和学生与学校成为转设过程中的命运共同体。预计到 2021 年,我国现有的 200 多所独立学院将全部实现转设,这将是我国应用型高校又一次大的转型和发展。

2020 年度总评

　　2020 年,是总结"十三五"期间中国高等教育辉煌成就,谋划"十四五"中国高等教育发展规划的关键一年。首先,党的十九届五中全会正式宣布我国高等教育已经迈入普及化阶段,并擘画"十四五"教育发展蓝图;《深化新时代教育评价改革总体方案》实施,明确新时代我国教育评价改革的任务书和路线图;新时代振兴中西部高等教育号角吹响,中西部高等教育迎来均衡发展新机遇。其次,关注高等教育改革与发展现实,疫情背景下的线上教学成为新常态,有力推进教育信息化进程;首届全国研究生教育会议召开,为培养高层次创新人才指明了方向;强化体美劳教育,均衡"五育"发展,培育全面发展的社会主义建设者和接班人;《新文科建设宣言》发布,吹响了新文科建设"开工号",拓展了"四新"学科建设新征程;教育部推进课程思政建设,全面落实高等学校立德树人根本任务;产学研结合,构建校企合作新型学院,培育更多的复合型、创新型、应用型人才。最后,对高等教育的一些政策给予更多关注,在关注独立学院转设为应用型高校转型发展带来新机遇的同时,也对转设过程中存在的一些问题提出了思考。

贺祖斌
广西师范大学校长

储召生
《中国教育报》副总编

2020 中国高等教育十大关键词①

　　评选"高等教育年度十大关键词",是《中国教育报》高教周刊的传统。广西师范大学校长贺祖斌主持的"高等教育大事件年度盘点"学术沙龙,至今已举办 15期。本期,我们再次邀请两个团队的负责人,对"2020 年中国高等教育十大关键词"进行深度分析和点评。

1.高校全面抗疫

事件回顾

　　新冠肺炎疫情发生以来,全国高校响应党中央号召,与全国人民一起投入抗疫斗争,取得了阶段性胜利。120 多所高校近 300 多家附属医院数万名医务人员驰援湖北省特别是武汉市,成为最美"逆行者"。

打赢这场没有硝烟的战争

　　贺祖斌:各高校严格按照党中央、国务院的统一部署,充分发挥高校科研力量,研制相关疫苗、治疗药物等;按照教育部"停课不停教、停课不停学"的要求,开展大规模的线上教学。在应对疫情工作中,充分发挥科研、医疗、心理咨询、志愿服务等作用,展示了我国高校的力量与智慧,以及新时代大学生的责任和担当,为打

---

① 该文发表在《中国教育报》,2020 年 12 月 28 日。

赢这场没有硝烟的战争做出积极的贡献。

到国家最需要的地方去

储召生：在抗击新冠肺炎疫情这场突如其来的遭遇战、阻击战中，高校系统医护人员和全体师生员工交出了出色的答卷。钟南山、张伯礼等获得共和国勋章和国家荣誉称号，既是国家和人民对他们个人的奖励，也是对近些年来医学教育改革发展成绩的肯定。到国家最需要的地方建功立业，是高教战线义不容辞的责任。

2.高等教育普及化

⟳ 事件回顾

10月29日，党的十九届五中全会通过《中共中央关于制定国民经济和社会发展第十四个五年规划和二〇三五年远景目标的建议》。全会指出"高等教育迈入普及化阶段"。

更应重视高质量发展

储召生：高等教育普及化，用老百姓的话说就是"人人都可上大学"。越是在这样的发展阶段，越应该重视高等教育高质量发展。特别是随着新一轮科技革命和产业变革深入发展、国际力量对比深刻调整，我国发展环境面临深刻复杂变化，这对我国高等教育发展提出新的要求。在此背景下，高等学校更应加强基础研究，夯实学科基础，聚焦人才培养，在高质量发展的关键领域和核心环节凝心聚力。

科学制定"十四五"发展规划

贺祖斌：从高等教育发展来看，随着毛入学率超过50%，我国高等教育迈入普及化阶段，在制定"十四五"发展规划时应该充分考虑高等教育普及化阶段的多样化、个性化、现代化的特点。我认为多样化表现在高等教育质量标准、评价标准、发展路径、发展类型等方面；个性化要求高等教育以学习者为中心，建立和实现人人皆学、处处能学、时时可学的终身学习体系；现代化的基础在于信息化，推动信息技术在教学、管理、学习、评价等方面的应用。

3.高校评价改革

───────────── ⟳ **事件回顾** ─────────────

中共中央、国务院印发《深化新时代教育评价改革总体方案》,这是新中国第一个关于教育评价系统改革的文件。一些高校重奖"项目""论文""帽子"的做法被叫停。

告别重奖的路径依赖

储召生:不可否认,一些高校重奖国家级科研项目、高水平论文,花重金引进高端人才,一定程度上促进了学校学科发展和水平提升。但是我们也应该看到,过分重奖和人才无序流动,助长了高校教学科研的浮躁之风,也破坏了地区高等教育发展的生态。高校说到底还是一个文化重镇,教育评价改革的最终目的,是让高校老师们静下心来,回归"文化人"的本位。

破"五唯"才是根本

贺祖斌:扭转不科学的教育评价导向,坚决克服唯分数、唯升学、唯文凭、唯论文、唯帽子的顽瘴痼疾。这些问题已经成为深化教育综合改革的阻力。在高校,贯彻落实"总体方案",要深刻反思、克服现实中的人才引进、职称评审、学科建设、科研奖励等环节存在的"五唯"问题,破立并举,提高改革实效。

4.大规模在线教学

───────────── ⟳ **事件回顾** ─────────────

新冠肺炎疫情期间,我国高校全部实施在线教学,108万教师开出课程合计1719万门次,在线学习学生共计35亿人次,形成了时时、处处、人人皆可学的教育新形态。

在线教学将成为常态

贺祖斌:据悉,我国慕课数量和应用规模位居世界第一。疫情期间,进一步推动在线教学,融合发展线下和线上教学模式,为高等教育高质量发展注入新的动力,在线教学在未来的教育中将成为常态。学习革命推动了高等教育深刻变革,依据大数据实时了解教师教学情况与学生反馈情况,对高校现有的专业和课程进行综合评估和动态调整。这次史无前例的大规模在线教学实践,对运用信息化手段推进我国高校教育教学方式改革具有革命性意义。

要正视"机器不会笑"

储召生:疫情期间,大规模在线教育实践,不仅有效抵御了疫情带来的冲击,而且给教学改革植入了信息技术的基因,客观上也加速了教育信息化的发展步伐。但是我们也应该看到,线下教学中师生举手投足间的互动、眼神之间的交流,在线教育是很难实现的。潘懋元先生线上教学时曾说,因为看不到学生们的眼神,他就只能是照本宣科。"机器不会笑",在线教学还有很大的改进空间。

5.研究生教育提升

———— ⟳ 事件回顾 ————

7月29日,全国研究生教育会议召开。会议深入学习贯彻习近平总书记关于研究生教育的重要指示精神,全面贯彻党的教育方针,落实立德树人根本任务,以提升研究生教育质量为核心,深化改革创新,推动内涵发展。

瞄准科技前沿关键领域

储召生:一个国家的研究生教育水平,体现了其高等教育发展的高度。我国研究生教育规模已经稳居世界第一,但质量与水平和发达国家相比,还有较大差距。特别是在当前百年未有之大变局背景下,重大科技前沿和高精尖关键领域的研究生培养,更多地要靠我们自己。推动新时代研究生教育改革发展,必须深入推进学科专业调整,加强国际交流和合作,持续深化研究生培养模式改革。

推动研究生教育内涵发展

贺祖斌:如何保证研究生教育质量是实现高等教育内涵式发展的重要环节,应从以下五个方面加强:强化导师队伍建设,重视师德师风建设;优化学科专业布局,加强交叉学科和学科群建设;完善人才培养体系,提供多样化、个性化的教育服务;重视研究生教育的开放合作,培养研究生国际化视野;重视关键领域,加快培养国家急需的高层次人才。

6.课程思政

⏱ 事件回顾

5 月 28 日,教育部印发《高等学校课程思政建设指导纲要》,全面推进高校课程思政建设。纲要指出,高校要深化教育教学改革,充分挖掘各类课程思想政治资源,发挥好每门课程的育人作用,全面提高人才培养质量。

课程思政并不是一项新的任务

储召生:"课程思政"是一个新提法,但并不是一项新的任务,它与"三全育人"一脉相承,意味着高校思想政治教育工作的全面化。课程思政也不是课程本身的单一改革,各专业类课程要以符合自己特点的方式,有机地融入思政元素,实现思想政治教育与专业教育有机统一,促进学生的全面发展。

把握好教师、课程、课堂三个关键载体

贺祖斌:我认为,从"思政课程"到"课程思政"转变,要把握好教师、课程、课堂三个关键载体。高校在制定课程思政建设方案时,应注重体系建设:一是聚焦规划设计,构建专业课程思政教学体系;二是创新教学改革,打造立体化思政育人课程体系;三是提升教育教学能力,组建优质课程思政教师队伍体系;四是强化标杆引领,塑造课程思政特殊示范体系;五是建设的规范性与有效性,加快构建课程思政工作评价体系。

7.新文科建设

⏱ 事件回顾

11 月 3 日,由教育部新文科建设工作组主办的新文科建设工作会议在山东大学召开,会议发布《新文科建设宣言》,对新文科建设做出全面部署。文科教育的振兴关乎高等教育的振兴,建设高等教育强国需要加强新文科建设。

学科交叉是中国文科传统

储召生:即使是在西方的学科概念传入之后,中国人文学者仍普遍遵循"文史哲不分家"的传统。如果以古代文人追求的"不为良相,便为良医"来推断,文史哲与社会科学、医学的交叉融合似乎早已有之。因此,新文科建设之新,并不在于其

学科交叉的建设方式,而应着力于知识生产和人才培养都要顺应新一轮的科技革命和产业变革。毕竟从高校专业种类和在校学生数来看,文科都已占半壁江山。

如何落实新文科建设理念

贺祖斌:高等学校应如何推进新文科建设? 一是促进专业优化,积极发展文科类新兴专业,不断优化文科专业结构;二是夯实课程体系,开设跨学科跨专业新兴交叉课程、实践教学课程,培养学生的跨领域知识融通能力和实践能力;三是推动模式创新,聚焦应用型文科人才培养,促进学界业界优势互补;四是打造质量文化,坚持学生中心、坚持产出导向、坚持持续改进,构建中国特色的文科教育质量保障体系。要将新文科建设的理念和方案落到实处,需要学校顶层设计、文科学科、教学管理及广大师生共同努力。

8.医学教育国际认可

—— ⟳ 事件回顾 ——

6月,教育部临床医学专业认证工作委员会以"无条件通过"成绩正式获得世界医学教育联合会(WFME)医学教育认证机构认定。这标志着我国医学教育标准和认证体系实现国际实质等效,医学教育认证质量得到国际认可。

医学毕业生跨国界流动取得入场券

贺祖斌:医学教育显示一个国家的健康力。这次医学教育认证机构通过世界医学教育联合会的认定,标志着认证机构的资质、认证标准与流程以及认证后的监督、决策过程得到认可,标志着所认证高校的医学教育质量已达到合适且严谨的国际标准,也标志着我国高等教育质量以及保障体系建设取得新的成绩,为中国医学毕业生跨国界流动取得了入场券。同时,面对世界医学发展的新动态,迫切需要从健康中国的高度加快医学教育改革。

医学教育改革仍有相当长的路要走

储召生:无论西医或中医,目的都是让人增进健康、减少病痛、延长寿命。治病方法也应是多元的,既有科学的、哲学的手段,也有技术的、人文的手段。北京协和医学院院长王辰院士认为,高中毕业直接学医是我国医学教育的一大短板,因为他们普遍缺乏人文、管理等多学科必备素养。我国这种按生物医学培养的教育模式,与国际主流的"生物—心理—社会"医学教育模式相去甚远。这或许也是"新医科"的努力方向之一。

9.振兴中西部高等教育

事件回顾

9月1日,中央全面深化改革委员会第十五次会议审议通过的《关于新时代振兴中西部高等教育的若干意见》强调,主动对接重大区域发展战略,扎根中国大地办教育,突出优势特色、汇聚办学资源、促进要素流动,有效激发中西部高等教育内生动力和发展活力,推动形成同中西部开发开放格局相匹配的高等教育体系。

构建高等教育强国的需要

储召生:建设高等教育强国,仅拥有若干世界一流大学和一批世界一流学科是远远不够的,强大的高等教育体系必定是一个相对均衡的生态系统。中国高等教育资源仍然存在区域失衡现象,从整体上看,我国高等教育已经实现普及化,但是云南、广西、贵州、西藏等中西部省(区)仍处于高等教育大众化阶段。高等教育的集群发展,要从以往粗放型的省域布局转变成精细化的城市布局。

形成区域高等教育特色办学格局

贺祖斌:对中西部高等教育的发展,我认为有两方面需要进一步加强:一方面,逐步形成区域高等教育特色办学、错位发展格局。高校根据自身办学层次、办学类型及资源优势,形成独特的办学特色,集中资源突出亮点。另一方面,深化区域高等教育协同发展。高校在专业建设和人才培养中,构建高校、企业、行业和地方政府之间相互协作、优势互补、资源整合的格局,形成开放共享的协同育人体系。

10.独立学院转设

事件回顾

5月,教育部印发《关于加快推进独立学院转设工作的实施方案》,明确到2020年末,各独立学院需要全部制定转设工作方案,同时推动一批独立学院实现转设。

推动应用型高校发展的新机遇

储召生：在我国高等教育大众化进程中，独立学院发挥了满足高等教育多样化需求和推动体制创新的作用。在高等教育高质量发展的新形势下，独立学院转设并规范发展，势必将推动应用型高校的专业设置对接社会需求、课程内容对接职业标准、教学过程对接实践过程，把办学思路真正转到服务地方、聚焦应用、增强"双创"上来。

明确独立学院转型发展的路径和方向

贺祖斌：在推动独立学院转设过程中，应关注以下几个问题：一是理清产权问题，依据相关制度、政策，明确相关主体的产权和利益；二是创新转设路径，独立学院转设要因地制宜，探索符合政策要求的多样化转设模式；三是明确发展定位，坚持聚焦应用、错位竞争的发展路径，构建特色鲜明的学科体系和人才培养模式。我国现有的独立学院全部实现转设，将是我国应用型高校又一次大的转型和发展。

后记

2020年是"十三五"收官之年，也是"十四五"规划编制的关键之年，站在"两个一百年"奋斗目标的历史交汇点上，《中国大学这五年——高等教育年度十大事件评析（2016—2020）》编撰如期完成。2020年是以学术沙龙形式共同探讨中国高等教育年度事件的第十五个年头，作为学术沙龙的第三本结晶，本书凝聚了我和我的团队对"十三五"期间中国高等教育大事件的观察和思考。十五年来，我以一个参与者的身份见证了中国高等教育的飞速发展，秉持着一个研究者的态度审视了中国高等教育发展背后的逻辑和规律，并于每年年底为高等教育学术界提交一份"作业"，供同仁探讨。2019—2020年连续两年与《中国教育报》储召生副总编讨论当年中国高等教育十大关键词，已然成为学术界年底的一道大餐。

《中国大学这五年——高等教育年度十大事件评析（2016—2020）》一书汇集了我们这个学术团队的集体智慧。本书由我主持并负责全书的策划和统稿工作，广西师范大学、厦门大学、华中科技大学、华中师范大学部分硕士、博士研究生参与讨论（按姓氏笔画排列）：王文丽、王国亮、王金花、王家好、孔苏、刘敏、刘微微、苏家玉、李响、李娜、李欣怡、杨婷婷、何俊生、宋晓洁、张羽、张艳婷、张颖佳、陈洋、陈庆文、罗惠君、周伟、周坚和、段明广、骆伟森、郭云卿、徐玲玉、黄令、黄春蕾、游晶晶、谢明明、蒲智勇、潘杰宁等。书稿整理由蒲智勇、杨婷婷等同学协助完成，对大家的参与和辛勤付出表示感谢！另外，值得说明的是，这些事件都是在收集已经公开发表过的相关资料并经过多次讨论的基础上形成的，对资料出处我们尽量注明，但由于篇幅所限，未能一一标注，在此一并致谢！

在这里，也许能见证一位忠实的教育学者对信仰的深度坚持与苦苦思索，见证一群理想主义者对高等教育变革的亲身参与。"只有事实，没有答案"的探索结论，让大学之外的人士进一步了解了中国大学的现状，在思考中国大学改革与发展的同时，也看到了中国大学未来的希望。

贺祖斌

2021年3月16日